믿음으로 사나굳은
웃으며 살지요

굿라이프 11

믿음으로 사나죽으나 웃으며 살지요

김석현 지음

이담 Books

—이 책에 실린 글은 인터넷 사이트 '재림마을'에 2006년 7월부터 1년 3개월
간 '살아가는 이야기'라는 제목으로 연재했던 것과, 2008년 '재림신문'에 '손바닥
편지'로 게재됐던 내용입니다.

믿음으로 사냐구요

누가 '믿음으로 사세요'라는 질문을 한다면 나는 '그냥 웃으며 살지요-.'라는 답을 내놓을 것 같습니다. 기실 소싯적부터 신앙을 갖고 있었지만 행동거지는 '아웃사이더'에 지나지 않았기에 본허울 없는 답이 나올 수밖에 없다는 것입니다.

성경에는 '너희가 돌이켜 어린아이들과 같이 되지 아니하면 결단코 천국에 들어가지 못하리라. 그러므로 누구든지 이 어린아이와 같이 자기를 낮추는 사람이 천국에서 큰 자니라'(마태복음 18장 3-4절)는 예수님의 가르침이 나옵니다.

어린아이들의 신앙은 '믿음으로 사는 것'보다는 '웃으며 사는 모습'이 더 아이다울 것 같다는 생각을 가져 봅니다. 아마 많은 이들도 '공감'할 수 있는 대목일 것입니다. 이들의 순수한 마음까지 '플러스'한다면 더 그렇게 다가올 것입니다.

아이들의 기도(한때 인터넷서 유행한 글)를 들어 보면 더 수긍이 갑니다.

'사랑하는 하나님, 오른쪽 뺨을 맞으면 왼쪽 뺨을 대라는 건 알

겠어요. 그런데 하나님은 여동생이 눈을 찌르면 어떻게 하시겠어요?' - 사랑을 담아서 데레사 -

'하나님, 하나님은 천사들에게 일을 전부 시키시나요? 우리 엄마는 우리들이 엄마의 천사래요. 그래서 우리들한테 심부름을 다 시키나 봐요.' - 마리아 -

'눈이 너무 많이 와서 학교에 못 갔던 날 있잖아요. 기억하세요? 한 번만 더 그랬으면 좋겠어요.' - 가이 -

아이들의 기도를 듣다 보면 '믿음'보다는 '웃음'이 먼저 납니다.

그것도 미워할 수 없는 사랑스런 웃음 말입니다. 이런 아이들을 보고 믿음이 적다고 나무랄 신부(神父)가 어디 있겠으며, 큰 소리 칠 목사가 있겠습니까. 따라서 '믿음으로 사는 것'보다 '웃음으로 사는 게' 천국 가는 지름길이 될 수 있다는 생각도 하게 됩니다. 필자가 '웃으며 살지요'라는 말을 자신 있게 할 수가 있는 것도 이런 때문이 아닌지 모릅니다.

반면 좀 큰 아이들의 기도는 또 다릅니다.

‘하나님, 내가 무얼 원하는지 다 아시는데 왜 기도를 해야 하나요? 그래도 하나님이 좋아하신다면 기도할게요.’ - 용쑨 -

‘하나님, 꽃병을 깬 건 도날드예요. 제가 아니라고요. 분명하게 써 놓으셔야 해요.’ - 대니 -

이처럼 조금 큰 아이들의 기도는 ‘따지듯’ 하는 경향이 나타납니다. 여기에다가 ‘비아냥’도 섞여 있는 것을 보게 됩니다.

‘하나님, 지난 주 뉴욕에 갔을 때, 성 패트릭 성당을 보았어요. 하나님은 아주 으리으리한 집에서 사시던데요.’ - 프랭크로부터 -

‘하나님, 지난번에 쓴 편지 기억하세요? 제가 약속한 것은 다 지켰거든요. 그런데 왜 하나님은 아직도 준다던 조랑말을 안 보내세요?’ - 루이스 -

‘하나님, 왜 한 번도 텔레비전에 안 나오세요?’ - 킴 -

똑같은 아이들의 기도지만 웃음 못지않게 ‘순수’가 퇴색된 모습이 보이는 듯해집니다. 그래도 이들의 기도가 신심을 체크할 수 있는 바로미터가 되지는 않습니다. 욕심은 있지만 그것이 남을 해할 만큼의 분량이 아니기 때문입니다. 그러나 어른이 되면 이 같은 기도소리는 입 밖으로 잘 나오지 않는다는 겁니다. 하나님과의 관계가 실리(實利)로 변질이 되면서 모든 기도 또한 '땡큐'와 '기브'보다는 '테이크' 혹은 '헬프' 쪽으로 기울기 때문입니다.

'주기보다는 받으려는 쪽'으로 마음이 움직인 것입니다. 그러기 때문에 웃음과 감동이 묻어나지 않는 것입니다. 믿음의 척도도 조건부가 되고. 헌금과 봉사도 보이지 않는 영광과 보답을 앙망하는 경향으로 치우치게 됩니다. 어른이 되면서 나타나는 성향입니다.

'하나님, 남동생이 태어나게 해 주셔서 감사합니다. 그런데 제가 정말 갖고 싶다고 기도한 건 강아지예요.' - 죠이스 -

결국 어른들의 믿음생활은 살아서 부귀와 장수를 바라고, 사후에는 천국을 유업으로 받고 싶어 하는 '욕심의 발로'에 지나지 않게 된 것입니다. 남동생보다는 더 실속(?)있는 강아지가 갖고 싶었던 아이의 순수한 기도처럼 어른들의 기도도 '믿음을 빙자한 실리 챙기기'가 아닌 '하나님과 나와의 순정'을 유지하는 대화가 돼야 합니다. 그것만이 잃었던 웃음을 되찾을 수 있는 유일한 길입니다.

경건과 온유, 화평과 자애는 믿음이 성숙될 때 자연스럽게 나타나는 '웃음꽃'과 같습니다. 외식과 형식으로 키워 낼 수 없는 게 기도며 믿음의 초석이 또한 기도라는 것입니다. 성숙된 믿음의 소유자만이 참기도가 나오고 그 기도가 인간 본연의 심성을 일깨우면서 외적 변화까지 일으킬 때 남보다 더 큰 부귀와 장수가 뒤따르게 될 것입니다. 그런 이의 웃음 속에는 가식이 깃들 이유가 전혀 없습니다.

그래서 이 책 제목도 '믿음으로 사냐구요'라는 자문(自問)에 '웃으며 살지요'라는 자답(自答)을 내며 그렇게 정했습니다. 전능자 앞에서 어린아이로 돌아가고픈 본능적 욕심의 발로인 셈입니다. 아이들의 기도처럼 내 기도도 독자 모든 이에게 웃음을 짓게 만드는 약이 되었으면 하고 말입니다.

'여러분은 어떻게 사세요?'

평소 내가 하고 싶은 질문이랍니다.

2009년 8월
김석현

차례

살아가는 이야기 1

천국 가는 '공삭'

얼마 전, 승용차만 운전할 수 있는 제2종 보통면허를 15인승 승합차까지 운전할 수 있는 제1종 보통면허로 갱신하기 위해 기능시험을 치르게 됐습니다. 그동안 운전경력도 있고, 운전에도 자신이 있던 터라 기능시험 정도는 단번에 통과할 것으로 생각했습니다.

운전면허 시험장에 응시원서를 제출하고 며칠 뒤 순서가 돼서 시험용 차량에 탑승했습니다. 신호에 따른 출발과 정지, 그리고 언덕길을 오르는 코스도 생각했던 것처럼 감점 없이 잘 통과했습니다. 이대로 가면 만점으로 합격하겠다 싶어 속도까지 더 낼 정도였습니다. 그런데 티(T)자 코스에서 문제가 생겼습니다.

진입까지는 잘했는데 후진하는 데 아무리 핸들을 틀어도 정확한 각도가 나오지 않는 것이었습니다. 겨우 뒷바퀴를 진입시키고 나면 앞바퀴가 선에 걸려 5점이 감점되고, 다시 앞으로 나와 핸들을 조작해 보았지만 뾰족한 수가 없었습니다. 그러는 사이 한계 시간 2분까지 초과해 그만 탈락하고 말았습니다.

이 정도쯤이야 했던 자만과 내 운전경력만 믿고 도전했던 제1종 보통면허 첫 시험은 보기 좋게 미끄러지고 말았습니다. 속이 상하고 창피한 마음에 얼굴 들기가 민망했지만 다시 원서를 접수하고 재도전에 나섰습니다. 이번에는 운전면허 시험장 벽에 걸려 있는 코스 통과 요령을 꼼꼼히 체크하고, 자동차운전학원에 다닌 사람들로부터도 그 요령과 공식을 재확인했습니다.

티(T)자 코스에서는 왼쪽 라인 30센티미터로 바짝 붙여 진입한 후 핸들을 오른쪽으로 두 번 반 돌리고 다시 앞 라인 10센티까지 다가간 뒤 핸들을 반대로 최대한 돌려 후진해야 한다는 '공식'을 염두에 두고 그대로 시행해 보니 바로 통과가 됐습니다. 첫 시험에서 내 상식대로 핸들을 꺾었을 때와는 확연한 차이가 있었던 것입니다.

하늘나라에 가는 것도 공식이 있습니다.

그것은 계명을 잘 지키고 봉사와 사랑을 실천하는 것입니다. 내 상식대로 하나님을 섬기다가는 운전면허 실기시험에서 떨어지듯 천국 가는 길에 낙오자가 되고 맙니다. 안식일을 준수하고 십일금을 구분해 드리며, 이웃에게 사랑을 실천하는 참된 공식대로 신앙생활을 할 때 우리 모두는 빠짐없이 하늘 문을 통과할 수 있을 것입니다. 내가 1종 면허 시험을 통과했던 것처럼 말입니다.

어떤 이는 '공동묘지 같다'고 하고, 다른 이는 '넘실대는 파도 같다'고 합니다.

우리 집 논에 심은 벼를 보고 행인들이 하는 소리입니다. 자라난 벼의 키가 높고 낮아 그 모습이 꼭 '공동묘지 같다'는 것이고, 그것이 바람에 흔들리면 '넘실대는 파도 같아 보인다'는 소리입니다.

사연인즉 이렇습니다.

지난 봄, 모내기를 하기 전 무논에 밑거름으로 비료를 먼저 주는데 아무것도 심지 않은 곳이라 손에 잡히는 대로 비료를 뿌려 버렸습니다. 덕분에 어떤 곳은 한 움큼씩 뿌려졌는가 하면 다른 곳은 비료가 닿지도 않았었나 봅니다. 써레질을 하면 골고루 퍼질 줄 알고 대충대충 뿌렸던 것입니다.

그런데 그 모가 자라 어른 허리춤에 이르자 비료가 많이 뿌려진 곳과 그렇지 않은 곳의 차이가 확연하게 나기 시작한 것입니다. 거름 기운에 따라 벼 크기가 달라, 멀리서 보면 마치 공동묘지처럼 올톡볼톡해져 버렸습니다. 또 벼가 바람에 흔들리면 아예 파도 모양으로까지 변해 버리는 것이었습니다. 논주인 입장으로서는 참 난감한 일이 돼 버린 셈입니다. 이삭거름 줄 때 비료 양을 조절하면 어느 정도 모양새를 잡을 수 있을는지 모릅니다만, 그 흔적까지 완전히 지우기는 힘들어 가을걷이 때까지 듣기 싫은 소리를 감내할 수밖에 없을 것 같습니다.

우리 인생길도 되돌아보면 비료 잘못 낸 우리 논과 크게 다르지 않을 것입니다. 알게 모르게 지은 죄들로 인해 올톡볼톡해 있을 우리들의 뒤안길을 생각한다면 지금 이 순간의 삶에 최선을 다해야 한다는 답이 나올 것입니다. 모내기하기 전 조금만 신경을 썼더라면 우리 논의 벼들도 공동묘지 같다는 소리는 듣지 않았을 것이기 때문입니다.

내 안에 있는 또 다른 것들

회사 다닐 때 일입니다.

가로수 은행잎이 노랗게 물들 무렵, 낯선 이로부터 엽서 한 장이 날아왔습니다.

'단풍처럼 붉어 가는 내 마음을 아시나요?'

발신인 이름도 주소도 없는 그런 엽서였습니다.

주위 사람의 장난이려니 하고 그냥 넘어갔습니다. 이튿날 또 엽서가 배달됐습니다.

'살다 보면 그리움도 병이 되지요.'

길어야 스무 자 남짓한 글씨가 쓰여 있는 엽서는 이후에도 열흘 가까이 계속됐습니다. 상황이 이쯤 되니 사무실 안이 발칵 뒤집혀지기 시작합니다. 우편배달부가 올 시간이면 미리 나가 있는 직원이 나올 정도로 말입니다. 동료 중 한 사람은 '자작극 아니냐'며 내 필체와 엽서의 글씨체를 대조해 보기까지 했습니다. 그러나 분명한 것은 글 내용이나 글씨체가 여자 것이라는 것입니다.

나 역시 답답하기는 마찬가지였습니다. 아니 답답하다 못해 궁금해 미칠 지경이었습니다. 그 후로도 일주일 정도 더 엽서가 오더니 '이젠 임이라 할게요'라는 엽서를 마지막으로 배달이 끊겨 버렸습니다. 내 나이 한창 젊은 시절 묘령의 아가씨로 여겨지는 이로부터 보름 넘게 받았던 연서(戀書)는 지금도 가을 언저리쯤이면 가끔씩 떠오르곤 합니다.

이런 센티멘털함 때문일까요. 한번은 휴대전화를 바꾸면서 친구한테 장난으로 문자 메시지를 보냈습니다.

'오늘 내리는 빗방울 수만큼 행복하세요.'

금방 답장이 옵니다.

'누구시죠?'

바로 연락하지 않고 이튿날 다시 문자를 보냈습니다.

'내가 행복한 것은 당신이 있음에 —.'

답 문자가 금세 날아옵니다.

'정말 누구세요?'

반응이 없자 이번에는 전화벨이 울립니다. 확인해 볼 것도 없이 친구 이름이 뜹니다. 웃음이 새 나오는 것을 억지로 참고, 잔잔한 카페 음악을 틀고 거기에 수화기를 댔습니다. 1 – 2분 후 아무 소리 없이 전화를 끊습니다. 삼 일간 그렇게 하자 이 친구 안달이 났습니다. 제발 목소리 한 번만 들려 달라는 문자가 날아오고, 혹시 '어느 학교 나왔느냐'는 신상조회까지 나옵니다. 아마 모르면 몰랐지 그 친구 머릿속은 낯선 여인의 생각으로 가득 차 있었을 겁니다. 아내한테는 비밀일 테고 말입니다. 며칠 장난 좀 더 하다 밝힐 겁니다. 그때 친구의 실망스런 눈초리가 벌써 '미소'를 짓게 합니다.

　심술, 욕망, 불륜, 부정, 시기, 질투 ─.

　이런 것들이 밖이 아닌, 또한 남이 아닌 내 안에 있음에 깜짝깜

짝 놀랍니다.

능소화

　지금 우리 집 마당 한 켠에는 20년생 능소화가 탐스런 꽃을 활짝 피우고 있습니다.

　자위, 금등화, 대화능소화, 양반꽃이라고도 불리는 이 능소화는 상놈이 집에다 심으면 잡아다가 곤장을 칠 만큼 엄격하게 관리되던 '럭셔리한 꽃'이었다고 합니다. 덕분에 양반집 정원에서만 재배돼 와 그 이름도 '양반꽃'이라고 불렸답니다. 그만큼 꽃이나 잎도 품위 있고 우아합니다.

　이 꽃은 외형상 다섯 장의 꽃잎으로 이루어진 것 같지만 실제로는 모두가 한데 붙어 있는 '통꽃'이랍니다. 따라서 꽃이 질 때도 그 모양이 흐트러지지 않고 활짝 핀 그대로 톡톡 떨어집니다. 그 모습이 마치 지조를 굽히지 않던 옛 선비의 기개를 보는 것 같습니다. 동백꽃도 꽃망울째 뚝뚝 떨어지는 모양새가 능소화와 비슷하지만 핏빛처럼 붉은 꽃잎이 너무 강렬해 능소화만큼 정이 가질 않습니다. 능소화의 꽃말은 '당신은 산다는 것의 기쁨을 알고 있는 사람입니다. 그 기쁨을 연인에게 나누어 주십시오.'라고 합니다. 정말 꽃보다 더 아름다운 꽃말입니다.

우리 집 담벼락을 휘감고 화려한 꽃 장식을 선보인 능소화를 보고 있으면 '굵고 짧게 살자'는 대장부의 용기를 이 꽃이 대신 말해 주는 것 같아 가슴이 뿌듯해져 옵니다. 그 옛날 양반집 안마당에만 심었다는 이 꽃이 이제부턴 양반이 아닌 우리 주님을 먼저 떠오르게 하는 '믿음의 꽃'으로 만개했으면 좋겠습니다. 님도 이 꽃을 보고 있노라면 비슷한 생각을 갖게 될지 모릅니다.

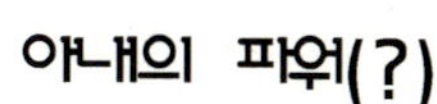

아내의 파워(?)

바닷가에서 캠핑할 때의 일입니다. 버너와 코펠을 사용해 밥을 짓고 있는데, 옆 모래밭에서 젊은이들이 공놀이를 하고 있었습니다. 곧 밥을 퍼 식사를 해야 하는데, 젊은이들의 공놀이는 그칠 줄 몰랐습니다. 만약 공이 우리 쪽으로 날아오면 '모래 밥'을 먹어야 될 판이었습니다. 그런데 아니나 다를까. 잘못 튄 공이 우리 식탁 쪽으로 날아왔습니다.

몇 번 주의를 주었는데도 불구하고, 공이 텐트 위까지 날아오자 짜증이 났습니다. 순간 제 입에서는 곱지 않은 소리가 나왔습니다.

'이 사람들 미쳤나?'

그러자 일행 중 약간 '불량기'가 있어 보이는 '덩치'가 시비를 해 오는 것이었습니다. 자기들을 미친 사람 취급했다는 게 그 이유였습니다. 공놀이하던 서넛이 정색을 하면서 다가오자 순간 '낭패'를 모면키 어렵다는 생각이 들었습니다. 이때였습니다. 옆에서 묵묵히 반찬을 담던 아내가 갑자기 몸을 일으키더니 냅다 소리를 지르는 것이었습니다.

'야-. 마빡에 피도 안 마른 것들이 어따 대고 행패야. 당장 꺼지지 못해?'

정말 의외였습니다. 우리 쪽으로 다가서던 젊은이들도 어이가 없었는지 '허 참' 소리만 연발하더니 되돌아가는 것이었습니다. 1백60센티미터도 안 되는 작은 키에, 수박 한 덩이 갖고도 끙끙대기 일쑤인 여편네가 어디서 그런 기차 화통 삶아 먹은 굉음을 냈는지-. 암만 생각해도 알 수 없는 일입니다. 아무튼 이날 처음 '아내의 힘'을 발견했습니다. 이 사건 이후 평생을 보살펴 줘도 부족할 것만 같던 아내가 갑자기 '수호천사'처럼 느껴지기 시작했습니다.

험한 세상 살다 보면 가끔은 '전능한 힘'을 소원할 때가 있습니다. 하지만 그 위기 모두가 '아내의 힘' 같은 요량으로 통하지는 않습니다. 그럴 때 찾는 이가 바로 예수님이 아닐까요. 아내보다 훨씬 힘세고, 든든한 예수님이 내 등 뒤에 계셔서 난 오늘도 큰소리치며 이 험한 세상 자신 있게 살아간답니다.

관 뚜껑에서 낮잠을—

중학교 3학년 때쯤의 일로 기억됩니다.

여름방학 보충수업을 끝내고 집에 와 쉬는데, 말복 더위가 장난이 아니었습니다. 그래서 시원한 밤나무 그늘 아래로 가 낮잠을 청하기로 하고 적당한 깔개를 찾았습니다. 하지만 마땅한 물건이 보이지 않아 헛간까지 뒤지던 중, 구석에서 널찍한 나무판 하나가 서 있는 것이 눈에 띄었습니다. 칠이 벗겨지고 흙이 약간 묻어 있었지만 크기가 내 키와 딱 맞았고, 나무폭도 한 사람 눕기에 적당해 보였습니다.

대충 먼지를 털어 내고 밤나무 그늘 아래 널빤지를 깔고는 낮잠을 청했습니다. 그렇게 얼마간 잠들어 있었을까. 누군가가 내 몸을 흔드는 바람에 잠이 깨고 말았습니다. 눈을 떠 보니 아버지였습니다.

'야 이 녀석아. 왜 하필 관 뚜껑을 깔고 자니. 꿈자리 사납게시리.'

'관 뚜껑이라뇨?'

'그려. 네가 깔고 잔 판때기가 바로 관 뚜껑여. 보매기(보막이)

때 쓰려고 내가 주어다 논 건데. 그걸 어떻게 찾아내 가지고선ー.'

순간 잠이 다 달아나고 온몸에 소름까지 끼쳤습니다. 그제야 나무 판 길이나 폭이 한 사람 눕기에 꼭 맞은 이유를 알 것 같았습니다.

'아버진 부정 타게 그런 물건을 집 안에 갖다 놓으면 어떡해요.'

집 안으로 들어가시는 아버지 뒷모습을 보면서 원망을 터뜨려 보았지만, 대답은 더 원망스러울 뿐이었습니다. 그 관 뚜껑 임자가 바로 몇 년 전 정신병을 앓다가 죽은 건넛마을 처자 거라는 것이었습니다. 이 사건 이후 나는 아무리 좋은 널빤지가 있더라도 절대 그 자리에 앉거나 눕지 않는 버릇이 생겼습니다. 관 뚜껑이 연상되기 때문입니다. 덕분에 한여름 폭염이 계속돼도, 그때 생각만 하면 온몸이 오싹해지는 것이 무더위 걱정은 덜고 산답니다.

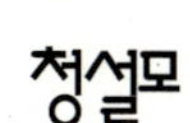

청설모

우리 집 담 옆에는 아름드리 호두나무가 서 있습니다.

한여름 내내 그늘을 드리워 주는 이 나무는 가을이 되면 주렁주렁 열린 호두를 한 가마니 이상 따게 해 주는 그야말로 '효도'나무랍니다. 그런데 가을도 오기 전, 이 호두를 탐내는 불청객이 먼저 찾아오곤 합니다. 바로 청설모입니다.

다람쥐처럼 나무를 잘 타는가 하면, 덩치도 커 호두를 훔쳐 가는 데는 도가 튼 놈입니다. 해마다 중복에서 말복 사이에 나타나 호두를 따 가기 시작하는데, 그대로 놔두면 일주일도 안 돼 호두가 한 알도 남아나질 않는다는 것입니다. 영글지도 않은 호두를 다 훔쳐 가는 청설모에게 고운 시선을 보낼 리 없습니다. 때문에 우리 식구들은 청설모가 나타나기만 하면 고래고래 소리 지르고 돌을 던지며 난리법석을 피워 댑니다. 이렇게 온 식구들이 합창으로 떠들어 대면 청설모는 놀라 급히 달아나곤 합니다. 하지만 이같은 상황이 며칠 반복되면 청설모도 내성이 생기는지 '개야 짖어

라. 그래도 기차는 달린다'는 식으로 도망도 치지 않습니다. 오히려 쫓으면 나무 꼭대기로 올라가 약을 올리기까지 합니다.

어디 이뿐입니까. 어느 날은 도망가던 청설모가 물고 있던 호두를 땅바닥에 던지며 우리를 향해 뭐라고 소리를 질러 댑니다. 그 폼새가 꼭 자기도 먹고 살아야 하는데, 왜들 야단이냐며 항의하는 표정입니다. 그 모습을 보고 있자면 웃음이 절로 납니다. 제 딴엔 심각하게 항의하는 것 같지만, 호두나무를 누가 심고 가꿨는데 말입니다. 이건 완전히 '주객전도'입니다.

청설모의 항의가 길어지면 날아가는 것은 '돌'밖에 없습니다. 그 돌에 맞으면 아무리 날랜 청설모라도 살아남기 힘이 듭니다. 그동안 도둑맞은 호두가 얼마인데, 도둑놈 주제에 주인에게 따지고 들다니 -. 있을 수 없는 일입니다. 저야 먹고살자고 하는 도둑질인지 몰라도 호두나무 주인은 분명 따로 있습니다. 그 원칙을 어기고 살다간 어느 날 '총알'에 맞아 죽을지도 모릅니다.

우리들도 가끔 '주인'을 잊고 살 때가 있습니다. 청지기 사명을 망각하고, 오히려 주인 행세를 하려 들 때가 있다는 것입니다. 우리에게 맡겨 주신 일들을 내 것인 양 착각하고 사는 행위가, 바로 영글지도 않은 호두알을 훔쳐 가는 청설모와 다를 바가 없습니다. 지금도 우리 패밀리 중 한 사람은 호두나무 아래서 돌을 던지며 '욕'을 퍼붓고 있는 중이랍니다.

'해가 넘어지잖아요'

올해 네 살배기 '사랑'인 내 조카랍니다.

그 녀석이 징검다리 휴일인 지난 14일 우리 집으로 휴가를 왔습니다. 그것도 이제 '아장아장' 걸음마 중인 동생 '별'이를 데리고 말입니다. 물론 아빠 엄마와 함께였습니다. 저녁나절 도착한 이들은 더운 날씨에 집에서 밥해 먹지 말고 시원한 음식점에 가서 냉면을 사 먹자며 다시 외출 준비를 서두르고 있었습니다. 하지만 칠순 노모께서는 모처럼 온 이들에게 외식으로 한 끼를 때울 리가 없었습니다. 냉면 대신 해콩으로 냉콩국수를 말아 준다는 겁니다.

이러지도 저러지도 못하고 있는 사이 어느새 해가 뉘엿뉘엿 지고 있자 갑자기 '사랑'이가 외쳐 댑니다.

'엄마 아빠. 지금 해가 넘어지잖아.'

미리부터 자동차에 올라타 있던 녀석은 어른들이 뜸을 들이고 있는 사이 해가 저물어 가자 제 딴엔 답답한 마음에 소리 지른 것입니다. 그것도 해가 '넘어지고 있다'고 - 우린 이날 저녁 냉콩국수를 먹으면서까지 웃느라고 정신이 없었습니다.

'그래, 이젠 해가 완전히 넘어져 버려 어두워졌구나.'

'내일 해가 다시 일어나거들랑 맛난 거 먹으러 가자.'

하지만 녀석은 아직도 제가 한 말의 뜻을 잘 모른답니다. 사랑이 엄마가 '그럴 땐 해가 진다고 하는 거야'라고 말을 고쳐줘 보지만, 옆에서 듣는 나까지도 '해가 진다'는 말보다 '해가 넘어졌다'는 말이 훨씬 정겹게 들렸으니까 말입니다.

살다 보면 작은 실수(?)가 활력이 될 때도 있습니다. 그것이 더 순수해 보일 때도 있고 말입니다. 아마—하나님께서도 우리의 실수를 꾸짖기보다는 '허! 허! 허!' 하며 웃으실 때가 더 많을 겁니다. 내 조카 사랑이의 엉뚱한 말에 우리 식구 모두가 웃는 것처럼 말입니다.

오늘도 서산에 걸린 해가 막 넘어지려고 그럽니다.

'애인

인터넷 검색 중 컴퓨터 모니터에 '이런 애인은 어떨까요'라는 창이 떴습니다.

한 이벤트 회사가 가을 분위기에 어울리는 애인 스타일을 무료로 보여 주겠다는 안내글이었습니다. 호기심에 얼른 '엔터' 버튼을 눌렀습니다. 그러자 메인 화면을 꽉 채우면서 나이 학력 종교 이상형 취미 등등 여러 가지를 선택하라는 번호가 차례로 뜨기 시작했습니다. 순간 생각하고 말 것도 없이 느낌이 가는 대로 '꾹꾹' 버튼을 누르고 난 뒤, 최종 확인 작업에 들어갔습니다. 내심으론 쪽쪽 빵빵한 글래머 스타일의 멋진 애인이 나오길 기대하면서 말입니다. 로딩 시간이 좀 길다 싶었지만, 지루한 줄 몰랐습니다.

잠시 후 모니터에는 컴퓨터가 선정해 준 나와 가장 궁합이 잘 맞는 애인의 모습이 떠오르기 시작했습니다. 그-런-데-아-뿔-사!

거기에는 흉물스럽게 생긴 '고릴라'가 빨간 장미 한 송이를 입에 물고 '씨-익' 윙크하는 사진이 나와 있었습니다. 그게 내 이상형의 애인이라는 것입니다. 지금 집안에는 피그(豚, Pig)를 닮아 가는 마누라가 있는데, 이번엔 고릴라 애인까지 - . 잠깐의 유혹에 빠진 결과 치고는 너무나 황당했습니다. 그러나 곰곰이 생각해 보면 고릴라 애인은 '인과응보'라는 생각이 듭니다. 평소 내 마음속에 불순한 생각이 있었기에 그리 쉽게 빠져들지 않았나 싶었습니다. 한번의 실수로도 평생을 고통스럽게 사는 이들이 적지 않음을 압니다. '달콤'한 유혹은 결국 더 '쓴' 결과를 낳게 합니다.

'고릴라' 애인보다는 우리 집 '피그'가 훨씬 났다는 거 이제는 알 것 같습니다.

개똥참외

'엄마 없이
개똥바닥에 낳다고
원두막 집도 없고
젖내음보다
개 똥내 난다고
주인도 없어

슬그머니 따 가던
나그네 발길조차 끊어진
달궈진 돌 틈
늦여름 땡볕에
아기 똥색처럼
누렇게 속 타는 개똥참외'

어느 시인의 토설(吐說)이 아련한 추억 속으로 이끕니다.

'혹시 개똥참외를 아세요?'

나 아주 어렸을 때, 수풀 속이나 나무 그늘 혹은 뒷간 근처에서 개똥참외를 따 먹었던 기억이 새삼스럽습니다. 이젠 농촌생활의 현대화와 함께 보기 힘든 '추억'거리가 돼 버렸지만 말입니다.

초등학생 주먹보다 작은, 그래서 먹고 자시고 할 것도 없었지만 '개똥참외는 먼저 줍는 이가 임자'라는 우리 속담처럼 '공짜' 맛과 어울려 끝 여름날 입정거리로는 그만이었습니다. 그런 개똥참외를 오랜만에 집 근처 빈터 수풀 속에서 발견했습니다. 한마디로 횡재(?)를 한 셈입니다. 이미 다 쇠어 버린 옥수숫대 사이로 빠끔히 보이던 개똥참외는 그만 나를 열한 살 소년으로 되돌아가게 했습니다.

'와, 이게 뭐야? 개똥참외 아냐?'

얼마나 반갑던지. 그 개똥참외를 따 들고 집에 들어오다 마주친 이웃 아이들에게 건네줬더니 아무도 받으려 들지 않습니다. 꼬락서니도 참외 같지 않거니와 개똥참외라는 '똥'자가 더 맘에 들지 않는다는 것입니다.

'니들이 이 맛을 알아?'

속상한 마음에 바지춤에 쓱쓱 문질러 혼자 다 먹어 버리고 말았습니다. '늦여름 땡볕에 아기 똥색처럼 누렇게 익은 개똥참외'야말로 나이 들어가는 이들에게는 '미소 짓게 하는 인생의 그림자' 아닐까요.

내 주변의 특별한 여인들

내 주변에는 특별난 여인들이 많습니다.

이 중 30대 후반의 한 여성은 몸매도 늘씬할뿐더러 인물도 참 곱습니다. 그런데 날만 샜다 하면 '슈퍼 우먼'으로 변신을 합니다. 1톤짜리 트럭을 몰고 다니는 것은 기본이고, 논두렁이나 밭두렁 풀 깎는 데도 남정네들 저리 가라 할 정도로 매섭게 해 댑니다.

제초 작업도 그냥 낫으로 베어 내는 정도가 아닙니다. 그 정도라면 '슈퍼 우먼' 소리를 들을 수가 없습니다. 이 여성은 풀 깎는 기계인 예초기를 등에 메고 논두렁 밭두렁 잡초를 깎아 대는 것입니다. 엔진이 달린 예초기는 시동 걸기도 힘들뿐더러 무섭게 돌아가는 칼날이 보기만 해도 아찔하게 하는 기계입니다.

등에 지고 일하다 보면 엔진 열기와 충격이 심해 금세 지칠뿐더러 자칫 잘못하다가는 발등이 잘릴 수가 있고, 예초기 날에 돌이나 나뭇가지가 걸리면 그것이 튀어나와 작업자는 눈을 다치기도 십상입니다. 그런 위험한 기계를 젊은 여성이 등에 지고 논밭에서 일하는 모습을 보면 참 장하다는 생각이 듭니다. 그런데 더 놀라운 것은 환갑이 가까운 같은 마을 여성분이 먼저 예초기를 사용하기 시작했다는 것입니다. 참으로 특별난 여인들이 아닐 수 없습니다.

또 다른 특별한 여인(?)은 올해 80세 된 분입니다. 이분은 지금 4륜 오토바이를 타고 다니지만 얼마 전까지만 해도 자전거를 타고 다녔습니다. 70이 넘어 자전거를 처음 배우기 시작한 이 여인은 얼마나 많이 넘어졌는지 온몸이 멍투성이가 되기도 했었습니다. 지금은 자전거는 '심심해서' 오토바이로 바꾸긴 했지만, 그 열정은 금방이라도 자동차 면허를 따겠다고 할 정도입니다. 눈이 어두워 필기시험을 볼 수 없어 포기했지만 말입니다.

내 주변엔 이런 특별난 여인들이 많아 참 좋습니다. 더군다나 그 특별한 여인들 모두가 우리 교회 집사님들이라는 게 나를 더욱 행복하게 합니다.

들깨가 옷을 홀랑 벗은 까닭은—

평소 조용하기로 소문난 이웃집 아줌마가 하루는 언성을 높이고 있었습니다.

집 앞 텃밭에 심어 놓은 들깻잎을 어느 인간이 다 따 가 버렸다는 게 그 이유였습니다. 정말 자세히 보니 들깨가 '대와 순'만 남아 있고, 잎사귀는 별로 눈에 띄지 않았습니다. 아주머니 말대로 '들깨가 옷을 홀랑 벗어 버린 꼴'이 돼 버렸습니다.

동네사람 대부분이 조금씩은 들깨 농사를 짓는 터라 굳이 남의 집 들깻잎을 송두리째 따 갈 이유는 없었습니다. 그렇다고 타지 사람의 소행은 더더욱 아닌 것이, 훔쳐 가려면 돈이 되는 쌀이나 건고추를 가져갈 일이지 보는 눈이 많은 밭에서 깻잎을 땄겠습니까.

이웃집 아주머니는 이 말을 듣자마자 짐작이 가는 것이 있는지 갑자기 며느리를 찾기 시작했습니다. 이날 저녁 다시 동네 어귀 정자나무 밑에서 만난 이웃집 아주머니는 '나-원 참' 소리만 연발하고 있었습니다. '들깨 옷을 홀라당 벗겨 버린 범인'이 자기 며느리였다고 고백하면서 말입니다.

이 댁 며느리는 베트남에서 시집온 외국인 새댁입니다.

손끝이 야무지고, 시부모 공양도 잘하는 근래 보기 드문 그런 며느리입니다. 그런데 사건 전날 다 자란 깻잎을 따다 장아찌를 만들면서 시어머니가 이걸 장에 내다 팔면 돈도 벌 수 있다고 지나가는 식으로 말했는데, 이 말을 귀에다 담은 며느리가 이튿날 시어머니가 외출한 사이 깻잎을 따다 자루에 담아 놓았다는 것입니다. 그것도 새 순만 남겨 놓고 몽땅 따 버려 들깨가 옷을 홀라당 벗은 꼴이 되고 만 것입니다.

이날 이후 시어머니는 며느리 앞에서 돈 되는 이야기는 꺼내지도 못한다고 합니다. 잘못하다가는 다른 것도 다 홀라당 벗겨(?) 버릴지 몰라서랍니다.

우리의 삶은 어떤지 묻고 싶습니다. 어디서 돈 된다는 이야기만 들리면 귀가 솔깃해지는 반면, 방문이나 봉사하러 가자는 소리는 왜 아무리 크게 떠들어도 잘 들리지 않는지 말입니다. 돈 되는 일보다 진정한 아름다운 교인이 되는 일을 찾는 게 우리 일이 되기를 바랍니다.

이심전심

이심전심(以心傳心)이란 말이 있습니다.

마음에서 마음으로 서로 뜻을 전한다는 말입니다. 말하지 않아도 아는, '눈'으로 통하는 그런 사이가 바로 이심전심입니다. 얼마 전 초등학교 6학년 학생들이 안식일 학교시간을 준비했습니다. 머잖아 중학생이 될, 그래서 벌써 '티'가 나기 시작한 이들입니다. '초딩' 티를 벗어난 '예비성년' 티 말입니다. 반면 가장 좋아하는 책으로 하나같이 성경을 든 것도 너무 뻔한(?) '티' 중 하나였습니다만ㅡ.

아무튼 이날은 좋아하는 음식 맞추기에서부터 교회 생활, 또는 예수님과의 인연 맺기까지의 시간에 대해서도 거침없이 자신의 견해를 밝혀 '깜직한 신세대' 소리를 들을 만했습니다. 사회자가 순서 마지막으로 가장 좋아하는 성도님 옆에 가서 앉으라고 하자 역시 망설임 없이 평소 마음에 두고 있었던 장로님 집사님께로 달려가는 것이었습니다.

서운하게도 내 옆자리로는 한 명도 오지 않았지만 그들 부모님

옆 자리도 비어 있기는 마찬가지였습니다. 미리 '각본'대로 움직였는지는 몰라도 어린 학생들이 좋아라고 달려와 옆자리를 채워 준 장로님과 집사님은 종일토록 입이 귀에 걸려 있었습니다.

누굴 좋아한다는 것보다 누가 좋아한다는 것이 이렇게 신나는 일인지 새삼 알게 됐습니다. 이날 내 옆으로 달려와 준 이가 없어 조금은 섭섭함도 있었지만 그래도 외롭지 않음은 '예수님은 나를 좋아한다'는 확신이 있었기 때문입니다.

여러분은 누가 제일 좋아할까요?

내가 '칼'을 가는 이유

아내와 나는 부부 싸움을 하면 대개 끝장을 보는 스타일입니다.

집안 역대 조상의 비리는 물론, 애 머리 나쁜 것까지 다 '네 집안 탓'입니다. 그러다 보면 머리 위로는 '날개 없는 것'들이 날아다니기 시작하고, 급기야는 육두문자(肉頭文字)까지 나오게 됩니다. 서서 돌아가던 선풍기가 방바닥에 누워 있고 '소파 쿠션'은 발길질 한 방에 장롱 구석에 처박혀 버리고 맙니다. '귀신은 뭐 하나 몰라. 저런 인간 안 잡아가고―' 이쯤 되면 눈앞에 보이는 것도 없게 됩니다.

평소 마누라는 그럽니다.

자신이 평생 세 가지 잘못을 한 것이 있는데, 첫째는 남편인 나를 만난 것이고, 둘째는 그 남자와 결혼한 것이며, 셋째는 아직도 그와 함께 살고 있는 것이라고 말입니다. '사돈 남 말 하고 자빠졌네'라고 응수는 하지만 가만히 생각하면 생각할수록 부아를 돋우는 말입니다.

'그려, 이참에 나도 새장가 한 번 더 가 보자구'

그리곤 문을 박차고 나와 버립니다. 마땅히 갈 곳도 없어 놀이터 한쪽에 쪼그려 앉아 있다 보면 주마등같이 지난 일들이 떠오릅니다. 그중에는 며칠 전부터 주방에 있는 칼 좀 갈아 달라고 부탁하던 일도 생각납니다.

'그래 새장가 들기 전에 칼이라도 잘 들게 갈아 주고 나가자.'

마음을 정한 나는 집에 들어오자마자 주방서 칼을 찾아 숫돌에 갈기 시작합니다.

'쓱싹쓱싹 - '

칼날이 설 즈음엔 어느새 내 마음도 갈아져 평상심으로 돌아오려고 합니다.

'집 나갈 사람이 이 밤에 갑자기 칼은 왜 간대?'

마누라의 이 말만 없었어도 말입니다.

새장가 정말 가고 싶지만 우리 집 주방용 칼을 대신 갈아 줄 사람이 나타나지 않아서 아직 망설이고 있는 중입니다 - . 어디 칼 잘 가는 이 없나요. 오늘도 마누라가 칼이 잘 안 든다고 아침부터 투덜거리는 폼이 벌써 부부 싸움할 때가 되었나 봅니다.

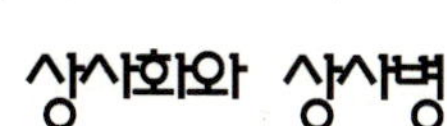

상사화와 상사병

'남을 사랑한다는 거, 그것도 조건 없이 사랑한다는 거, 그러다 지쳐 그도 모르게 죽어 간다는 거, 이런 사랑을 해 본다는 거' 과연 얼마나 가치가 있는 걸까요.

상사화를 보면 가끔 이런 상념에 잡히곤 합니다. '이룰 수 없는 사랑'이란 꽃말을 가지고 있는 상사화를 보고 있자면 '왜'라는 의문사가 붙습니다. 너무나 아름답고 청초하기 때문에 더 그렇습니다. 상사화는 잎과 꽃이 함께 어우러지지 못하는 꽃입니다. 잎이 먼저 나고, 그 잎이 지고 나서야 꽃망울을 터뜨리기 때문입니다. 그래서 꽃과 잎이 서로 그리워한다는 의미로 상사화라는 이름을 갖게 됐습니다.

상사화 꽃말 이면에는 또 다른 사연을 감추고 있습니다.

한 절의 스님을 사모하던 아리따운 처녀가 그 연정을 감춘 채 짝사랑만 하게 되었습니다.

그러던 어느 날, 처녀는 참지 못하고 스님에게 사랑을 고백하게 됐습니다. 하지만 스님은 '불자의 몸으로 여자의 사랑을 받아들일 수 없다'며 한마디로 거절을 하는 것이었습니다.

실망한 처녀는 얼마 뒤 요절하고 말았습니다. 그런데 그가 묻힌 무덤가에 예쁜 꽃이 피어나기 시작했습니다. 이를 보고 마을 사람들은 처녀의 이루지 못한 사랑을 가엽게 생각하며 그 꽃을 일러 상사화라 부르게 되었다고 합니다. 해마다 팔월이면 홍자색의 꽃잎을 열고 누군가를 그리워하는 모습으로 외초롬히 서 있는 상사화를 보면 나 역시 그리운 이가 생각납니다. 지금은 멀리 떨어져 살지만, 내 아내와 내 아들이 그리워져 상사화로 변한 처녀의 마음이 어느 때보다 이해가 되기도 합니다.

반면에 나 또한 오직 한 분 예수그리스도만 사모하다가 상사화로 변하는 꿈을 꾸기도 합니다. 그런 열정이 아직도 내 가슴에 조금 남아 있음에 지금 앓고 있는 상사병이 싫지만은 않습니다.

‘꽃물’보다 ‘실물’이 더 좋은 나이

서울에 살 때 일입니다.

한번은 시골 고향집에 들렀는데, 담 밑으로 봉숭아가 탐스런 꽃망울을 피워 내고 있었습니다. 8월 태양보다 더 짙은 붉은색을 띤 봉숭아를 보자 갑자기 아내 생각이 났습니다. 이날 자식을 위해 부모님이 바리바리 싸 준 각종 시골 먹을거리 속에는 내가 감춰 둔 특별난 것도 있었습니다. 바로 붉은 봉숭아 꽃잎이었습니다.

언제 주워들었는지는 모르지만 내 기억 속에는 ‘봉숭아는 꽃과 그 잎을 같이 넣고 찧어 붙여야 색이 곱게 나온다’는 것이 입력돼 있었습니다. 냉동실에서 각얼음까지 슬쩍 꺼내 와 비닐봉지에 넣고 그 위에 꽃잎을 얹어 상경하는 내 마음은 왠지 편안했습니다. 첫 눈 올 때까지 봉숭아물이 지워지지 않으면 소원이 이뤄진다는 옛 이야기를 상기하며 그렇게 급히 달려 집에 왔습니다. 그리곤 제일 먼저 꽃잎을 꺼내 놓으며 자랑스럽게 말했습니다.

‘이거 당신 주려고 내가 시골집에서 직접 따 온 거야.’

하지만 아내의 관심은 다른 데 있었습니다. 차 트렁크에 잔뜩 실려 있는 고추며 애호박, 찹쌀, 옥수수 등에는 연신 '어머, 어머' 소리를 질러 댔지만, 내가 따 온 봉숭아 꽃잎에는 눈길도 한번 주지 않습니다.

'여보, 이거 시들기 전에 봉숭아물부터 들여야 하는 거 아냐?'

그제야 아내는 나와 꽃잎을 번갈아 쳐다보더니, 한마디 내던집니다.

'촌스럽긴 -. 누가 요즘 귀찮게 그걸 동여매고 있어. 문방구에 가면 아주 간편하게 물들일 수 있는 것도 있는데 -.'

이 소릴 듣곤 봉숭아 꽃잎을 모두 쓰레기통에 던져 버렸습니다.

그것도 다시는 쓰지 못하게 짓이겨 말입니다. '꽃물'보다도 '실물'에만 더 관심이 있는 아내, 나만 아직도 꿈꾸는 소년이었나 봅니다. 지난해부터 시골에 와 살다 보니 전에 있던 그 봉숭아가 또다시 꽃잎을 앙증맞게 터뜨리고 있습니다. 그런데 그 꽃잎을 보고도 감흥이 일어나지 않는 걸 보면 아마도 당시의 충격이 컸었나 봅니다.

‘코’ 큰 사람만 보세요

사자코 매부리코 들창코 딸기코 화살코 현담비 용비 고봉비 –
모두 코에 관한 이름들입니다. 정말 ‘코’ 생김새에 따른 별칭도 참
다양하다는 생각이 듭니다. 어디 이뿐입니까. 코는 ‘얼굴의 망루’로
여길 만큼 관상에서 차지하는 비중도 매우 큽니다. 그래서일까요. 우
리네 인생살이는 늘 ‘내 코가 석 자’일 만큼 바쁘지만, 큰 코는 언제
나 풍부한 상상력(?)을 주기도 해 많은 이들을 즐겁게 합니다.

이 말을 뒷받침하듯 동서양의 고서에는 ‘큰 코는 온화하고 공손
하며, 남자답고 용감하다’고 기록하고 있습니다. 이 같은 속설 때
문일까요. 마침 내 고향 인근인 충남 청양군에서는 9월 6일부터 8
일까지 군 특산물인 고추와 구기자 축제를 갖는다고 합니다. 그런
데 이 축제의 하이라이트는 뭐니 뭐니 해도 ‘코 큰 사람 선발대회’
가 아닐까 싶습니다.

참가자 중 코가 제일 큰 사람을 뽑아 청양 고추를 공짜로 준다
고 하니 코 큰 사람은 도전해 보기 바랍니다. 평소 ‘너무 남자답게

생겼다'며 약간의 '조크'를 많이 받았던 분이나, 아님 '코만큼은 내 것이 자신 있다'고 생각해 오신 분들은 이번 기회에 무공해 청양 고추를 상금으로 받아 가계에 보탬이 되었으면 합니다.

하지만 고추 탈 욕심에 억지로 코를 잡아 당겨 늘리지는 마시기 바랍니다. 잘못하다가는 고추는커녕 코만 커다란 '피노키오'가 될 수도 있으니까요. 또 코 작은 이들도 너무 실망하실 필요는 없습니다. '코 잘난 거지는 있어도 귀 잘난 거지는 없다'는 속담처럼, 우리 모두는 나름대로 잘난 분야가 각기 있기 때문입니다.

그래도-. 코 큰 분. 이번엔 '차-암' 행복하시겠습니다.

변채(똥차) 이야기_1

　내게는 조카가 변차(똥차)라고 놀리는 중고차가 한 대 있습니다. 93년식 르망-.

　보험에 이전비 등 각종 비용 합쳐 40만 원 조금 넘는 가격에 인수했습니다. 가격으로만 보면 영락없는 변차(똥차) 맞습니다. 그래서인지 구입과정에서부터 '싼 게 비지떡'이라고 말리는 이도 있었지만, 다행이도 '뚝배기보단 장맛'이었습니다.

　외관도 연식에 비해 깨끗했고, 고속도로 주행 시는 맘만 먹으면 어느 차도 추월할 만큼 속도도 잘 났습니다. 이 차가 더욱 맘에 드는 것은 '길거리 표'(?) 휘발유도 마다하지 않고 잘 먹을뿐더러, 급체하거나 소화불량에도 걸리지 않아 주머니 사정까지 봐 주는 효자차라는 것입니다.

　충청도에서 서울까지 뛰기를 여남은째 했을까요. 드디어 이 변차가 본색을 드러내고 말았습니다. 갑자기 차가 멈춰 선 것입니다. 그것도 내부순환로 정릉터널 지나 홍지문터널 한가운데서 말입니다. 좌, 우측으로 차들이 맹속으로 달려 차 문을 열 수도 없는 그런 상황에 내가 할 수 있는 일은 '예수님 제발 - '밖에 없었습니다.

재시동을 몇 번 걸어 봤지만 스타팅 모터가 '끼릭 - 끼릭'거리는 소리만 들릴 뿐, 엔진은 여전히 스톱 상태였습니다. 4 - 5분간의 짧은 시간에 그렇게 간절한 '기도'를 해 본 적이 없었습니다. 그런데 이 기도 소리가 들렸는지 금세 경찰차가 경음을 울리면서 달려오는 것이었습니다. 이날처럼 '경찰'이 반가웠던 적도 없었습니다.

경찰차가 내 차 뒤를 밀어 줘 13분 만에 터널을 빠져나왔습니다. 그리곤 보험회사에 연락해 견인차를 불러 정비소에 들어가니 노후된 '타임벨트'가 끊어진 것으로 나왔습니다. 8만 원을 들여 벨트를 교환하고 나자 언제 그랬냐는 듯이 다시 시동이 걸렸습니다. 하지만 변차 본색(?)은 이날 사건 이후부터였습니다. (계속)

 ‘다진이’처럼

우리교회에서 가장 목소리가 크고 하나님도 절대 무서워하지 않는 이는 바로 ‘다진이’랍니다. 목사님과 순서 맡은 장로님 혹은 집사님만 등단할 수 있는 단상에도 무시로 오르내릴 수 있고, 반주 중인 피아노 건반도 맘대로 두드릴 수 있는 이도 ‘다진이’입니다.

설교말씀 중간 중간에

‘뭐 – 야’

‘아 – 냐’

하고 소리 칠 수 있는 이가 ‘다진이’이며 교회 복도에서 달리기 시합 때도 ‘다진이’만큼은 빠지지 않습니다. 어떤 때는 제풀에 넘어진 것이 억울해 대성통곡을 하며 이리저리 ‘동정표’를 얻으러 다니기도 하고, 때로는 어른들한테 혼나서 입을 삐쭉 내밀고 다니지만 그 모양도 귀여워 우리교회 식구들은 ‘다진이’ 일거수일투족에 안식일마다 웃음꽃을 피우고 삽니다.

그런데 ‘다진이’ 목소리와 행동이 유난히 더 커지는 날이 있습니다. 그날은 교회 맨 뒷좌석에 '다진이' 아빠가 앉아 있을 때입니다. 아빠가 다른 아이를 안아 주려고만 해도 '아니야' '안 돼' 소리를 연발하며 시샘하고, 잠시 아빠가 보이지 않으면 금방 얼굴색이 변하는 게 '다진이'입니다.

아빠 '빽'을 믿고 더 부산을 떨어대는 '다진이'를 보면서 아버지가 얼마나 믿음직한 분인지를 다시 한 번 생각하게 됩니다. 아빠가 가끔 뒤에 와 앉아 있다는 것만으로도 '다진이' 목소리가 몇 옥타브 커지듯이 우리 삶도 아버지와 함께할 때 크게 빛이 날 것입니다.

언제나 우리의 등 뒤에서 지켜 주시는 아버지가 계셔 우리 역시 '다진이'처럼 큰소리치며 살고 있지 않습니까. 그 아버지는 바로 '하나님 아버지' 아니신가요. 오늘도 우리 모두는 그 아버지의 '빽' 을 믿고 큰소리 한번 쳐 봅시다. 우리교회 네 살배기 '다진이'처럼 말입니다.

아담의 '배꼽'

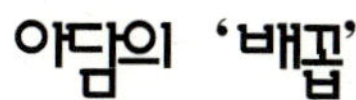

　　에덴동산의 아담은 배꼽이 있었을까요, 없었을까요.

　　정답은 '없었다'도 아니고 '있었다'도 아닙니다. 이 같은 답이 나올 수밖에 없는 것은 다음과 같은 이유 때문입니다. 하나님이 흙으로 빚어 창조한 아담은 여자의 몸에서 태어나지 않았기 때문에 탯줄의 흔적이 있을 수 없습니다. 그래서 배꼽이 없는 것이 당연합니다.

　　반면 일부 사람들은 이렇게도 생각하고 있습니다. 하나님께서 최초의 인간을 창조할 때, 나머지 후손들과 같은 모습으로 인간을 만들었을 것이라는 것입니다. 다시 말하면 신은 선존재(先存在, Pree-xistence)의 모습으로 사람을 창조했다는 믿음입니다. 그래서 당연히 배꼽도 만들어 주었을 것이라는 것입니다. 하지만 아직도 아담의 배꼽논쟁은 가려지지 않고 있습니다. 이것은 화가들 사이에서도 마찬가지입니다. 옛날 화가들은 물론, 오늘날의 화가들도 에덴동산의 아담과 하와를 그릴 때에는 똑같은 규칙을 정해 지켜오고 있습니다. 그것은 아담의 알몸 중 생식기와 배꼽 부분을 나뭇잎과 그 줄기로 가리는 것입니다.

만약 화가가 아담의 배꼽을 그려 넣으면 과학자들은 반기를 들 것이고, 반면 앞서 말했듯이 선존재를 믿는 이들은 밋밋한 뱃살만 보이면 왜 배꼽이 없느냐고 힐책할 것입니다. 화가들은 이런 논쟁을 피하기 위해 미리 배꼽을 나무줄기로 가려 버린 것입니다. 그 속에 배꼽이 있는지 없는지는 보는 이들의 상상에 맡긴 셈입니다.

님들 생각은 어떻습니까. 아담은 배꼽이 있었을까요, 없었을까요? 신앙생활을 하다 보면 간혹 이와 같은 궁금증이 우리를 혼란스럽게 할 때가 있습니다. 사단은 할 수만 있으면 온갖 것을 동원해 우리의 관심을 하나님으로부터 돌려세우려 하고 있습니다. 아담의 배꼽을 보기 전, 먼저 하나님을 보는 넓은 시각과 그 사랑을 받아 감당할 수 있는 넉넉한 마음이 우리의 신앙생활 중 나머지 2%를 마저 채워 줄 것입니다.

'공동묘지라니_' 그 두 번째 이야기

　'재림마을'(살아가는 이야기)에 글쓰기를 시작하면서 두 번째로 올린 글이 '공동묘지라니－'라는 제목이었습니다. 우리 집 논에 심은 벼의 크기가 들쑥날쑥해 그 모습을 보고 행인들이 '꼭 공동묘지 같다'고 놀려댄 것이 속상해 올린 글이었습니다. 한번 잘못 준 비료로 인해 벼의 크기가 달라져 생긴 현상이었지만, 초보 농군의 마음은 그 벼를 볼 때마다 '내 탓'이라는 자괴감마저 들게 했습니다.

　그 후 기도하는 마음으로 논의 벼를 관리했고 이삭거름을 줄 때는 떡 시루에 고물을 뿌리듯 정성을 다해 골고루 시비를 했습니다. 벼가 웃자란 곳은 덜 내고, 대공이 약한 곳은 더 뿌려 주는 식으로 말입니다. 그 덕일까요. 달포가 지나자 우리 논 벼 포기는 누가 봐도 풍년을 예약해 놓은 만큼 알찬 벼 이삭이 주렁주렁해졌습니다. 벼의 높낮이도 일정해져 다시는 공동묘지 이야기를 꺼낼 수 없을뿐더러 이젠 전문 농사꾼이 다 됐다는 칭찬까지 덤으로 얻고 지내게 됐습니다.

인생길도 마찬가지라는 생각이 듭니다. 긴 여정 속에 한두 번 잘 못된 길을 걸을 수도 있고 아님 수렁에 빠질 수도 있지만, 회개하고 다시 노력하면 바른 길로 들어설 수 있다는 것을 말입니다. 공동묘지 소리를 듣던 우리 논이 전문 농사꾼이 지은 것처럼 알토란 같은 벼 이삭이 주렁주렁 매달려 있게 변한 것처럼 말입니다.

쪽지

'나, 너 좋아해'

작기장? 한쪽 뜯어내 침 잔뜩 묻힌 몽당연필로 꾹꾹 눌러 썼던 '쪽지' 하나. 밤 새워 쓴 다섯 글자로 만든 쪽지는 종일토록 주머니에서 구겨져 알 수 없는 단어가 돼 버려 결국 짝사랑 순이에게는 건네지도 못했지만 '나, 너 좋아해'는 아직도 내 가슴속에서 살아 있는 '쪽지 글'입니다.

그 사건 후 십수 년이 지난 얼마 전 두 번째 쪽지를 썼습니다.

첫사랑 소년의 감정은 아니래도 설렘은 여전한 것을 보면 그 소년이 나였음을 실감합니다. 다른 이에게 쪽지를 보낸다는 거, 예나 지금이나 비밀의식 같은 '숨김'의 꼬리표가 붙어 다니나 봅니다. 그게 이름도 얼굴도 모르는 이라면 더 그렇고 말입니다. 유난히도 가을을 많이 타는 까닭에 그 계절을 잊고 싶다는 이나 가을이 너무 좋아서 싫다는 나이 많은 소녀의 투정이 담긴 쪽지는 아마도 빛바랜 갈색이 아니라 초록일 겁니다.

처음에 '나, 너 좋아해'라고 썼던 쪽지의 다섯 글자가 이젠 '문장'처럼 엮일 수 있는 것은 성숙한 세월 탓이려니 합니다. 그래도 '나, 너 좋아한다'는 말을 꺼내려면 얼굴과 가슴은 소년이 돼 버립니다. 첫사랑 순정이 이젠 잘 여문 가을 햇살 닮아 있을 때도 됐을 것 같은데 - . 난 아닌가 봅니다. 대신 '놀라운 발견'이란 주제로 열리고 있는 '위성 전도회'에 내가 평소 눈여겨보았던 이웃들에게 '작은 쪽지' 하나씩 건넴으로써 첫사랑 순이 대신 예수님을 소개하렵니다.

'나, 너 좋아해'

이 쪽지 편지를 왜 순이한테만 주려 했었는지, 지금 생각하면 스스로의 어리석음에 웃음이 납니다. 내 이웃도, 내 가족도, 내 동료도 모두 좋아하는데 말입니다

낮길, 그리고 밤길

모처럼 부산엘 다녀올 기회가 있었습니다.

지난주 목요일, 부산에 있는 승용차를 가져와야 할 일이 있어 갑자기 여행 아닌 여행을 하게 된 것입니다. 이것도 행운이려니 생각하면서 강남 터미널에서 부산행 고속버스를 탔습니다. 가을 초입이라 날씨도 좋고, 혼자 떠나는 길이라 부담도 없어 '낭만여행'이란 낯선 단어도 떠올려 볼 수 있었습니다. 주중인지라 승객도 별로 없고, 나이 많아 보이는 기사분도 맘을 편케 했습니다.

차가 출발하고 서울 외곽으로 접어들자 코스모스가 보이고 노랗게 익어 가는 벼 이삭과 산자락엔 벌써 하얗게 센 억새도 보입니다. 굽이도는 언덕길을 돌아설 때마다 바뀌는 풍광도 그렇지만 형형색색에 모양도 가지가지인 차량들이 질주하는 모습도 장관입니다. 또 과거는 부산을 가려면 강남터미널에서 경부고속도로를 탔지만 지금은 경부로 진입해 영동고속도로와 내륙고속도, 그리고 동대구 – 부산 간 민자고속도로를 타고 가는 새로운 코스가 개발돼 시간도 엄청 단축됐습니다. 더불어 창가에 비치는 풍광도 예전과 사뭇 다릅니다. 정말 한순간도 눈을 떼고 싶지 않을 만큼 지루하지 않았습니다.

저녁나절 도착한 부산도 예전에 비해 엄청 달라져 있었습니다. '서울'이 큰형님 할 정도로 말입니다. 욕심 같아서는 하루 묵어가며 관광도 하고 싶었지만 일정이 촉박해 그날 밤 바로 승용차를 직접 운전해 올라왔습니다. 낮에 온 고속버스 길을 따라 그대로 상경했습니다. 그런데 낮길과 밤길이 그렇게 다를 수가 있을까요.

불과 몇 시간 전의 낮길은 볼 것 많고, 가고 싶은 곳, 갖고 싶은 것들이 즐비했었는데 밤길은 오직 앞차의 후미등만 보였습니다. 교차로나 도심 주변을 지날 때만 간간히 다른 불빛이 나타났지만 외진 곳에는 여전히 어둠과 앞차의 후미등 불빛뿐이었습니다. 휴게소에 들러도 간단한 요기만 할 수 있을 뿐 난장판 같았던 낮 풍경은 어디서도 찾아 볼 수가 없었습니다. 고독한 여행이었습니다.

하늘 가는 길도 이처럼 고독할지 모릅니다. 낮에 보이는 그런 아름다운 세상 것들을 다 포기하고 오직 앞서 가신 주님의 뒷모습만 보며 따라가는 길이 어쩜 밤길보다 더 무서운 가시밭과 같을지 모릅니다. 그러나 그 끝에 영생의 문이 있음을 알기에 밤길도, 가시밭길도 마다치 않고 우린 그 길을 묵묵히 걷고 있는 것입니다. 덕분에 우린 오늘의 밤길이 무섭지도 외롭지도 않습니다. 부산을 다녀오는 밤길에 많은 것을 생각하게 됐답니다.

생각의 차이 '153'

내가 중학교 시절부터 애용하고 있는 물건 중 하나가 '모나미' 볼펜입니다. 정확히 말하면 '모나미 153'입니다. 지금 책상 위에도 몇 개가 굴러다닐 만큼 흔한 이 볼펜은 우리나라 국민 누구나 즐겨 사용했던 대표적인 필기구입니다. 그런데 이 볼펜이 세상에 나온 지가 벌써 44년이나 됐다고 합니다. 값싸고 쓰기 편리한 대중적인 볼펜이지만, 출생 과정은 물론 작명에 이르기까지 적잖은 우여곡절이 있었다고 합니다. 그 중 고개를 갸우뚱하게 하는 대목은 아라비아 숫자 '153'입니다.

당시 회사 직원들은 이 볼펜을 생산하고 작명하는 데 고심하다가 제작연도와 날짜를 붙여 '모나미 1963'이나 '모나미 501' 등으로 하자는 쪽으로 의견을 모았다고 합니다. 그런데 이 중 한 직원은 '153'을 제안했는데 그 이유가 참 재미있습니다. 1+5+3이면 화투놀이에서 제일 높은 9가 된다는 것 때문이었다고 합니다. 이 안이 나오자 다른 직원들이 어떻게 노름판 숫자로 작명을 하냐며 핀

잔을 줬는데, 옆에서 가만히 듣고 있던 이 회사 회장이 ‘153’에 적극 찬성하고 나서 우리나라 첫 볼펜은 ‘모나미 153’이라는 이름을 얻게 됐다고 합니다.

이 과정에서 많은 직원들이 화투장과 연관된 작명에 불만을 토하며 투덜거렸습니다. 그러자 신앙심이 깊었던 이 회사 회장은 빙그레 웃으며 자신이 생각해 낸 153은 성경에서 찾은 것이라고 설명하는 것이었습니다. 바로 ‘베드로가 하나님이 지시한 곳에서 153마리의 고기를 잡았으나 그물이 찢어지지 않았다’(요한복음 21장 6절)는 성경 구절을 생각해 낸 것이랍니다.

한 생각의 차이가 이렇게 다를 수도 있습니다. 어떤 이는 153에서 화투장을 떠올렸지만, 믿음 좋은 이는 성경의 말씀을 상기하고 그 영광을 제품에까지 연결시키고자 했습니다. 결국 이 이름은 성공을 거둬 모나미 153 볼펜은 40년 넘게 장수 상품으로 남아 오늘날까지 국민적 사랑을 받고 있습니다. 당시 이름을 짓는 데 결정적 역할을 했던 이 회사 회장은 회고록을 통해서도 153이란 숫자가 자신에게도 큰 행운을 가져다주었다고 밝혔습니다. 덕분인지는 몰라도 153볼펜은 지금도 모나미 볼펜 중 가장 많이 팔리는 제품이라고 합니다.

생각의 차이가 여러분의 인생도 바꿀 수 있습니다.

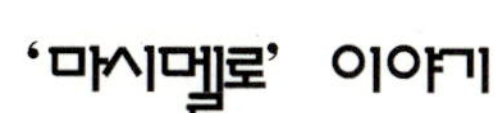

'마시멜로' 이야기

'마시멜로'가 무엇인지 이제야 알게 됐습니다.

가끔 '마시멜로 마시멜로' 소리를 들으면서 막연하게 일본 사람 이름 정도로만 추측하며 지냈습니다. 그러던 어느 날, 도회지 서점에 들렀다가 '마시멜로'가 책 이야기였고, 그 원뜻은 '달콤한 과자' 이름이었다는 사실을 알게 됐습니다.

무식했거나 용감했던 잠깐의 과거가 얼마나 부끄러웠던지, 남이 알세라 그만 허! 허! 허! 웃고 말았습니다. 나 스스로가 부끄러워 그 자리서 '마시멜로' 이야기책을 다 읽어 버렸습니다. 지난해 10월 출간돼 올 8월부터는 계속 베스트셀러 자리를 지키고 있는 마시멜로 이야기를 일본 사람 이름으로 여기고 있었으니, 오히려 책에 대해 미안한 생각까지 들어 예의상(?) 다 읽어 버린 것입니다.

이 책에는 네 살배기 아이들을 대상으로 맛있는 '마시멜로'를 주고, 15분간 혼자 있게 하는 시험을 하는 내용이 들어 있습니다. 단 15분간 마시멜로 과자를 먹지 않고 참으면, 상으로 한 개를 더 주겠다는 제안이 뒤따릅니다. 그 결과 실험에 참가한 아이들 중 3분의 1은 15분을 참지 못한 채 마시멜로를 먹어치웠고, 3분의 2는 끝까지 기다림으로써 상을 받게 됩니다. 그런데 정작 놀라운 사실은 그로부터 14년 후에 밝혀졌습니다.

당시 마시멜로의 유혹을 참아 낸 아이들은 스트레스를 효과적으로 다룰 줄 아는 정신력과 함께 사회성이 뛰어난 청소년들로 성장해 있었던 것입니다. 반면 눈앞에 있는 마시멜로를 바로 먹어치운 아이들은 쉽게 짜증을 내고 사소한 일에도 곧 잘 싸움에 말려들었습니다. 10여 년전, 15분을 참을 줄 알았던 인내가 성공을 예비하는 강력한 '단서'로 작용한 사실을 이 책은 실험으로 증명해 내고 있는 셈입니다.

이 책은 이 시험에 참가했던 사람이 후일 억만장자가 돼 그의 젊은 운전기사에게 과거의 이야기를 통해 자신이 얻은 성공의 비결을 들려주는 내용입니다. 그에 따르면, 성공으로 가는 길목에는 수많은 유혹들이 존재하는데 이 같은 유혹들을 견디고 성공을 이룬 사람들은 눈앞의 작은 이익으로부터 자유로울 수 있어야 한다는 메시지를 주고 있습니다. 물론 거기에는 마시멜로의 유혹을 물리치는 것도 포함돼 있다는 것입니다. 그 과정에서 강요가 아닌 자발적 동참이 필수지만 말입니다.

따라서 '성공은 고통과 시련의 대가가 아니라 즐거움과 행복의 대가'라는 것이 저자가 말하는 요지이기도 합니다. 이 책을 읽다 보면 우리 속담에 '참을 인(忍) 세 번이면 살인도 면한다'는 말이 떠오릅니다. 순간을 참지 못해 저지르는 일들이 너무 많기 때문입니다. 신앙인이 가장 많이 갖고 있어야 할 글자이자 덕목도 바로

참을 인자라는 생각이 듭니다. 이 책을 읽다 보면 그렇게 수긍하
게 된다는 겁니다.

마시멜로 이야기 -

작은 책이지만 큰 감동을 주는 '페이퍼 메신저'입니다.

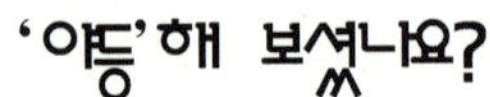

'야등'해 보셨나요?

'야등'해 보셨나요???

'야자'는 학생들의 야간학습을 말하는 것이고, '야동'은 야한 동영상의 약자입니다. 그렇다면 '야등'은 무엇일까요. '야등'은 야간등산을 말하는 은어랍니다. 무더운 여름철 한낮을 피해 밤에 산을 오르는 이들이나, 회사에 다니는 직장인들 사이 많이 알려진 '야등'은 누구나 한번쯤은 경험해 볼 가치가 있는 그런 짜릿한 산행이랍니다.

2주 전, 정말 오랜만에 야등을 했습니다. 산악회 카페 회원들끼리 '번개'(사전 계획에 없던 모임)로 서울 근교 인왕산을 올랐습니다. 랜턴과 밤참을 준비한 뒤 주거지 가까운 곳에 있는 회원끼리 만나 밤 아홉 시경 홍은동 도시 순환도로 고가 밑에서부터 산행을 시작했습니다.

밤눈과 밤길이 밝은 이가 앞장서고 나머지 회원들은 각자의 불빛을 밝히며 산행은 시작됐습니다. 짓궂은 회원이 간간히 '맨 뒤에

소복 입고 따라오는 처자는 뉘여-' 하고 소리치면 모두가 놀라 서로 앞에만 서려고 난리를 폈지만 금세 웃음으로 무서움을 지워 버립니다. 그런 와중에 산 능선에 오르자 서울의 야경이 한눈에 들어옵니다. 하늘의 별을 따다 뿌려 놓은 듯 아님 은구슬 옥구슬 이 널려 있는 것처럼 그 불빛이 환상적이었습니다.

어둠 속에서 밝음을 보아선지 정말 눈이 부실 정도로 아름다웠 습니다.

'이래서 야등을 하는구나.'

누군가가 감탄에 섞인 말을 하는 것이 들립니다. 아름다운 야경 은 가까이서는 볼 수 없습니다. 그렇기 때문에 내가 사는 곳이면 서도 얼마나 아름다운지 모릅니다. 내 가진 것의 소중함을 모르는 어리석음 때문에 슬퍼집니다.

신앙생활을 하면서도 참진리를 보지 못하는 것은 내 아집에 사 로잡혀 그 가치를 깨닫지 모르기 때문입니다. 내가 살고 있는 도 시의 야경이 이처럼 아름다운데 그 속에 살고 있는 내가 정녕 그 것을 보지 못하고 살았던 것처럼 말입니다.

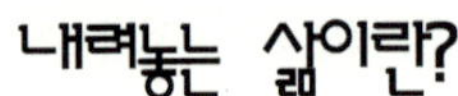

내려놓는 삶이란?

내려놓는다는 것은 곧 '비운'다는 뜻입니다.

타의가 아닌 '자의적인 내려놓음'은 그 인생에서 가장 행복한 결심이 될 수 있습니다. 대신 그것은 주님을 향한 내려놓음이어야 합니다. 요즘 일일부독서(一日不讀書)면 구중생형극(口中生荊棘)이란 말을 잊고 지냈는데, 다행이 입안에 돋쳤던 가시를 제거하고도 남을 만큼의 좋은 책을 읽게 됐습니다.

평생을 쌓고 쌓아도 목적을 이루지 못해 안달인 우리네 삶에 일침을 가하는 이 책은, 우리가 '완전히 내려놓을 때' '온전한 삶이 우리의 것'이 된다는 다소 선문답 같은 내용을 전합니다. 하지만 무턱대고 내려놓으라고는 하지 않습니다. '너는 내려놓으라, 내가 채워 주리라'는 하나님의 약속 말씀이 함께하고 있기 때문입니다. 한 스님이 쓴 '무소유'라는 책을 읽으면서 아이러니하게도 '없는 자의 행복'을 엿볼 기회가 있었습니다만, 이번엔 목사님이 쓴 책에서는 '내려놓아야 하는 진정한 이유'를 깨닫게 됐습니다.

지은이는 말합니다.

내려놓는 것은 온유의 삶이고, 자신을 비우고 하나님을 채우는 삶이라고 말입니다. 아브라함이 비옥한 땅을 포기하고 광야 길을 택한 것이나, 모세가 왕속(王屬)을 내려놓았을 때 그가 비로소 주님이 사용할 빈 그릇이 됐다는 것입니다.

지금 우리의 형편은 어떻습니까. 채워도 채워도 늘 모자랄 뿐만 아니라, 조금 있는 것조차도 남이 가져갈까 봐 전전긍긍하는 모습은 아닙니까. 40평이 넘는 아파트도 작다고 더 큰 집을 원하고 옆집 박 서방네 자가용보다 더 좋은 차를 뽑기 위해 안달이지는 않습니까. 내려놓지 않기 때문에 욕심이 점점 더 무거워진 까닭입니다.

결국 그 무거움으로 인하여 천국을 포기한 '부자 청년의 비유'가 바로 '나'라는 사실을 알면서도 어쩌지 못하는 것을 보면 -. 결국 '내려놓음'은 내 결심으로 남는 셈입니다. 인생이 무겁다 여겨질 때, 한번 읽어볼 만한 책입니다.

차 없는 예수님, '볼보' 타는 교황

　세계적인 자동차 회사인 '볼보'는 얼마 전 교황 베네딕트16세에게 자사가 만든 최고의 차 중 하나인 SUV 모델 XC90 V8을 기증했다고 발표했습니다. 이름만 가지고는 감히 그 형태와 기능을 짐작하기도 어려운 이 차는, 한마디로 요약한다면 '교황을 위해 특별히 제작된 명품'이라는 것입니다.

　이 차는 다크 블루(감청색?)에 4400CC급 모델로 최고 315마력까지 낼 수 있으며, 단 7초 만에 시속 100킬로미터로 달릴 수 있습니다. 또 이 차는 전복방지와 미끄럼 방지 시스템이 갖춰져 있으며, 실내도 최고의 편의 시설로 꾸며져 있는 명실공히 세계 최고의 자동차입니다. 볼보 회사 측은 '이 차가 교황의 권위와 안전을 높이는 데 일조할 것'이라고 밝혔습니다.

　이 기사를 보면서 갑자기 예수님이 떠오르는 것은 왜일까요. 생전에 어린 '나귀' 한번 타 본 것이 전부이신 예수님과, 세계 최고의 차를 타고 다니는 교황을 비교하다 보면 내가 죄스럽기까지 합니다. 지금 우리나라는 10가구 중 아홉 집이 자동차를 보유하고 있다고 합니다. 소위 '마이카 시대'를 활짝 열어 가고 있는 셈입니다. 하지만 예수님이 오신다면 선뜻 자동차 '키'를 내줄 사람은 얼마나 될까요.

유대인들이 그랬던 것처럼 우린 또다시 내 차가 긁히고 찌그러질지 몰라 이리저리 눈치만 보다 키를 내주는 대신 '렌터카'를 이용하라고 할지도 모릅니다. 그(예수님)가 '무면허'라고 우기면서 말입니다. 오늘 난 분명하게 약속을 합니다. 내 어린 조카가 변차(똥차)라고 놀려 대는 차지만, 예수님이 오시면 제일 먼저 내 차 키를 드리렵니다. 변차니까 어디 부딪쳐 긁히거나 찌그러져도 걱정할 것 없다는 안심 멘트와 함께 말입니다.

더도 말고 덜도 말고 '한가위'만 같아라

'오월농부 팔월신선, 일 년 삼백육십오 일이 더도 덜도 말고 팔월 한가위만 같아라'는 말이 있습니다. 오곡과 과일이 풍성하여 마음까지 넉넉해지는 이 계절이 한없이 부러웠기 때문에 나온 말입니다. 그래서 '가을 밭 가기는 친정에 가는 것보다 낫다'는 속담까지 나왔을 정도입니다. 온갖 험한 농사일을 마무리하고 맞게 되는 풍년의 수확은 어떤 것으로도 비교할 수가 없습니다. 덕분에 시댁에서 며느리를 친정에 보내 주고, 안사돈끼리는 시집과 친정 중간쯤에서 서로 만나 먹고 이야기하는 '반보기' 행사도 이 계절에 있었던 것입니다.

올 추석 연휴는 어느 때보다 길어 마음먹기에 따라 여러 가지 일을 할 수도 있습니다. 일부 계층은 해외여행에다 골프장 혹은 더 예뻐지기 위한 성형수술로 날짜를 셀지도 모릅니다. '더도 덜도 말고 한가위만 같아라'는 저들만의 풍악을 울리면서 말입니다. 하지만 우리들은 가을이 지나면 곧 맞게 될 삼동(三冬)을 준비해야 할 사람들입니다.

특별히 안식일교인들에게는 추운 겨울의 삼동보다 더 혹독한 일요일 휴업령, 야곱의 환란, 아마겟돈이란 삼동을 준비해야 할 시점인지도 모릅니다. '더도 말고 덜도 말고 한가위만 같아라'는 말 속에는 이제부터 겨울과 같이 닥칠 환란에 대비해 믿음의 알곡을 챙기라는 행간 속의 숨은 뜻이 포함돼 있습니다. 추수철에 알곡과 쭉정이가 '까불려'지듯 우리의 선과 악도 심판을 받아야 할 때가 이 가을처럼 우리 곁에 다가와 있습니다. 들판의 곡식을 거둬들이듯 우리의 믿음도 추슬러 알곡을 선별해야 할 것입니다.

가을, 그리고 한가위에 많은 생각을 하게 합니다.

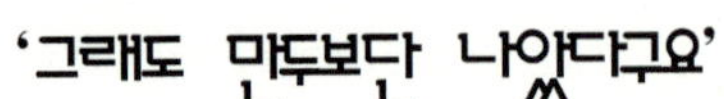

어머님은 가을 쑥을 한 소쿠리 뜯었고, 나는 산에 올라가 솔잎을 한 봉지 따 왔습니다. '식구도 적으니까 그냥 만드는 시늉만 하자'는 내 의견에 '그래도 송편은 송편다워야 한다'는 어머님 말씀 때문이었습니다. 추석 '이브'에는 쑥향 그윽하고 솔잎 수염 단 알짜배기 송편이 보름달만큼이나 커다란 쟁반에 가득 담겨져 나왔습니다. 어머님과 단둘이 빚은 송편이었다고는 하지만 모양새는 열 사람이 빚은 것보다 더 다양했습니다.

아들만 셋이었던 탓인지 우리 집 송편은 늘 '만두'에 가까웠습니다. 어머님이 만든 것만 빼놓고 말입니다. 덕분에 손님상에 올릴 송편은 어머님 작품으로만 가능했고, 나머지 것은 우리가 해치울(?) 수밖에 없었습니다. 어머니는 솜씨 좋은 며느리 들어오기만 기다리는 눈치셨습니다.

세월이 흘러 큰며느리가 들어왔습니다만, 그동안 실력이 는 큰아들 솜씨가 더 좋았습니다. 둘째, 셋째 며느리 송편 빚는 솜씨는 더 보기 힘들었습니다. 모두 직장을 가진 탓입니다. 결국 우리 집 송편은 예나 지금이나 어머니 것은 작품이고, 아들이 만든 것은 만두 티를 조금 벗어난 수준에 머물러 버렸습니다. 그래도 올해는 해콩에 햇밤, 볶은 참깨 고물 덕분에 '뚝배기보다는 장맛'이라는 말처럼 맛난 송편을 먹을 수 있었습니다.

남들은 모양 보고 떡을 먹을지 몰라도 우리 집은 맛으로 승부한다는 굳은 신념(?)으로 올 추석도 그렇게 보냈습니다. '송편 잘 빚으면 예쁜 딸 낳는다'는데 우리 형제 셋은 인물 좋은 막내 빼놓고는 모두 아들만 낳아 얼마나 다행인지 모릅니다. 송편 못 빚는 것, 하나님께서 미리 아시고 딸 대신 아들만 점지해 주셨나 봅니다. 내년 추석 때는 밀가루 반죽으로라도 미리 연습해서 모양도 맛도 좋은 진짜 멋진 송편을 빚어 보렵니다. 먹기 아까울 정도로 말입니다.

아들 닮은 다른 이를 보면서

오늘 전철 환승역에서 차를 기다리고 있는데 플랫폼 저편에서 아들 녀석이 걸어오는 것이었습니다. 아디다스 추리닝에 헐렁한 청바지, 그리고 깊숙이 눌러쓴 모자 밑에 이어폰을 끼고 있는 모습이 영락없는 아들입니다.

너무 반가워 나도 모르게 그쪽으로 발걸음을 옮기다가 스스로 깜짝 놀라고 말았습니다. 아들 녀석은 지금 외국에 나가 공부하고 있는데, 그 녀석이 나도 모르게 입국해 있을 턱이 없었기 때문입니다. 그런데도 그 젊은이의 모습이 내 아들과 너무 닮아 있어 발걸음을 천천히 옮겨 가 보았습니다. 눈앞에서 아들을 보고 있으면서도 그게 내 아들이 아니라는 게 믿기지 않을 만큼 정말 보면 볼수록 그렇게 닮을 수 있을까 싶도록 비슷했습니다.

구부정한 허리에 음악에 맞춰 끄덕이는 고개 아래로 처진 눈매며 팔자걸음-. 전철에 올라타 사라지는 그의 뒷모습을 놓치지 않고 보면서 모처럼 아들에 대한 진한 그리움이 미소로 번졌습니다.

아들과 닮은 청년을 보는 것만으로도 행복한 순간이기도 했습니다. 스스로 미남이라고 떠드는 아들놈을 보며 '그래 미남은 미남인데 넌 아름다울 미(美)자가 아닌 쌀 미(米)자가 더 어울리거든' 하며 놀리던 일이나 '아버지 제가 어른이 되면 꼭 효도할 겁니다' 허스키한 목소리를 한 옥타브 올리면 '앞에다 불(不)자나 붙이지 마라'며 핀잔하던 일도 몇 해 헤어져 살다 보니 '정'이 되어 버리고 말았습니다.

아들놈이 귀국하게 되면 농구 시합에 밥 빨리 먹기, 오토바이에 자동차 운전솜씨 겨루기까지 둘이 약속한 일이 너무 많습니다. 그래선지 오늘 따라 여드름 숭숭 난 아들놈이 보고 싶어집니다. 가끔은 예수님 모습도 전철 플랫폼 멀리서라도 한 번쯤 뵈었으면 하는 생각이 듭니다. 아들 녀석 닮은 청년을 보고도 가슴이 뛰었는데 예수님 닮은 그림자라도 보게 되면 믿음의 분량도 그만큼 커지지 않을까 싶어서입니다.

이름 때문에

한 미군부대 주변에서 만취한 한국인이 쓰러져 있었습니다. 맘씨 좋게 생긴 미군병사가 그를 깨운 뒤 이름을 물었습니다. 술 취한 남자가 겨우 입을 벌려 뭐라고 대답했습니다. 그러자 미군 병사의 얼굴이 싸늘하게 변했습니다. 미군 병사가 호흡을 가다듬은 뒤 다시 한 번 묻습니다.

– 당신 이름이 뭡니까(What's your name?)

술 취한 남자는 먼저 한 말을 또 했습니다. 이 말을 들은 미군 병사는 더 이상 참을 수 없다는 표정을 짓더니 차고 있던 권총까지 빼 들었습니다.

– 이름이 뭐냐구요?(What's your name?)

미군 병사는 마지막으로 그 남자 대답을 들은 뒤 극도로 흥분하여 총을 쏘고 말았습니다. 이튿날 경찰 조사 결과 그 남자의 이름이 '박규'인 것으로 드러났습니다. 술 취해 쓰러져 있던 이 남자, 즉 '박규'는 미군 병사가 자신의 이름을 물을 때마다 '박규'라고 거듭 대답했는데, 미군 병사는 이 말을 '빽큐'로 들었던 것입니다. '빽큐'는 영어로 '엿 먹어라'는 뜻입니다. 미국 사회에서 쓰는 저속어를 연거푸 듣게 된 미군병사가 총을 쏜 것입니다. 결국 '박규'라는 사람은 이름 때문에 죽고 만 셈이 됐습니다. 누가 지어낸 이야기인지 모르지만 시사하는 바가 큽니다.

'예수'라는 이름 - . 듣고 부르는 것만으로도 가슴이 벅차오릅니다. 그리스도인 - . 역시 마찬가지입니다. 하지만 어느 날부터는 이 이름 때문에 우리는 다시 핍박을 받게 될지도 모릅니다. 2천 년 전 예수님이 당했던 그 치욕처럼 말입니다. 그러나 '빽큐'라는 요상한 발음 때문에 죽은 '박규'라는 사람보다는 예수님의 동반자 그리스도인이란 이름으로 받는 핍박과 치욕은 달게 받을 수 있을 것 같습니다.

내가 그 사람이기 때문입니다.

목숨과 바꾼 운동화 한 켤레

한국 전쟁인 6·25 발발 직전에 시골 5일장을 찾아다니며 신발을 파는 장사꾼이 있었습니다.

우마차에 신발을 싣고 다니면서 이 장 저 장에서 물건을 파는 장사꾼이었지만, 그는 질 좋은 운동화 한 켤레를 '미끼'(전시용) 상품으로 꼭 가지고 다녔습니다. 검정 고무신 한 켤레도 마음 놓고 사 신을 수 없었던 어려운 시절이라 운동화는 농촌사람들에게 있어 그야말로 '그림의 떡'이었습니다. 이런 운동화를 미끼상품으로 진열해 놓은 탓인지 신발 전에는 항시 사람들로 북적거렸고 매상도 짭짤했습니다. 운동화가 효자 상품이었던 것입니다.

그런데 어느 장날부터인지 이 운동화에 유난히 눈독을 들이는 젊은이가 나타났습니다. 젊은이는 장날마다 신발 전에 들러 다른 것은 거들떠보지도 않고 운동화만 만지작거리다가 아쉬운 표정을 하면서 돌아가곤 했습니다. 신발장사는 그가 아랫마을에서 머슴으로 일하는 젊은이라는 것을 알고 있었습니다. 그리고 그 머슴이 받는 새경으로는 몇 달치를 모아도 그 운동화를 살 수 없다는 것도 잘 알고 있는 터였습니다. 그렇게 몇 장을 더 지내던 중 하루는 운동화를 만지작거리는 젊은이를 향해 신발 장사꾼이 이렇게 말하는 것이었습니다.

'이보게 젊은이. 그 운동화가 자네 발에 맞는지 한번 신어나 보게'

젊은 머슴은 몹시 좋아하며 그 자리서 검정 고무신을 벗어 던지고 운동화에 발을 꿰었습니다. 다행히도 그 운동화는 맞춤처럼 젊은이의 발에 꼭 맞았습니다. 마음씨 좋은 신발 장사꾼은 나머지 한 짝도 내놓으며 모두 신어 보게 했습니다. 그리고는 내친김에 그냥 운동화를 신고 집에 가라고 하는 것이었습니다. '선물'이라고 하면서 말입니다.

꿈같은 이 말에 머슴은 신발장사가 농담을 한다고 생각했습니다. 그러나 신발장사가 자신도 처음에는 어렵게 생활을 했다면서 옛날 생각이 나 그냥 주는 것이니까 부담 갖지 말라는 말에는 그만 넙죽 엎드려 절이라도 하고 싶었습니다. 정말 공짜로 가져가도 되겠느냐고 수십 번을 확인한 후에야 이 머슴은 운동화를 가슴에 안고 돌아갔습니다.

그 후 얼마 지나지 않아 한국 전쟁이 발발하고 말았습니다. 이젠 신발장사꾼도 장사를 하는 것보다 자신의 목숨을 보전하는 일이 더 급해졌습니다. 당시는 북한 공산당보다 지역에서 일어난 불만세력이 더 무서웠는데, 그 이유는 지방사정을 잘 아는 이들이 스스로 공산당원 행세를 하면서 지주나 양반세력, 공무원 등을 색출해 내는 데 앞장섰기 때문입니다.

전쟁이 일어난 지 얼마 뒤 신발장사꾼도 노동자가 아닌 자본가라는 이유로 잡혀가 인민재판을 받게 되었습니다. 말이 재판이지 끌려간 사람은 십중팔구 총살형에 처해지는 숙청이 전부인 때였습니다. 오랏줄에 묶인 신발 장사꾼도 인민 재판장에 끌려가 취조를 받게 되었습니다.

'이제 꼼짝없이 죽었구나' 하고 있는데 당시 현장에서 생사여탈권을 쥐고 있던 붉은 완장을 찬 사람이 나타나더니 '동무' 하면서 손을 내밀더라는 것입니다. 놀란 와중에도 얼굴을 들어 보니 그 사람은 다름 아닌 아랫마을서 머슴 생활을 하던 젊은이였습니다.

그는 부하들에게 명령해서 이 장사꾼을 즉각 풀어 준 것은 물론 다시는 체포하지 말라고 엄명까지 내렸습니다. 이날 같이 끌려갔던 동네 사람들 대부분은 모두 총살을 당하고 말았습니다. 신발장사꾼은 운동화 한 켤레를 선물한 덕분에 목숨을 건질 수 있었던 것입니다.

그날 목숨을 건진 신발장사 때문에 나 역시 이 세상 사람이 되었습니다. 내 아들 역시 그 신발장수의 선행으로 말미암아 이 세상에 나올 수 있었음은 물론입니다. 왜냐하면 그 신발장사가 바로 내 아버님이셨기 때문입니다. 지금은 고인이 되셨지만 생전에 이 이야기를 전해 주면서 '남에게 베풀며 사는 것이 결국은 자신을 위한 삶'이라고 말씀하시던 아버님이 생각이 납니다. 미끼 상품으로 고이 간직하고 계시던 운동화를 선뜻 선물로 내줄 만큼 마음이 넓었던 그 아버님의 그 다정한 목소리가 오늘따라 유난히 더 듣고 싶어집니다.

우선 들고 있는 핸드폰(일반 전화기 포함) 폴더를 열어 보세요. 그리고 버튼 숫자 5를 확인하시고, 그 숫자 위에 손가락을 올려놓고 살살 문질러 보세요. 가운데 '오톨'하게 난 점을 발견하게 될 겁니다. 아님 5자 좌우로 두개의 '도톨'한 점이 있을 겁니다. 과연 어디에 사용하는 것일까요.

컴퓨터 자판에는 'ㄹ'(F)과 'ㅓ'(J)자 위에 역시 '오톨도톨'한 표식이 있습니다. 엘리베이터를 타고 층 간 숫자를 보면 분명 글자 옆에 오톨도톨한 점들이 함께 있는 것을 발견할 수 있습니다. 평소에는 잘 발견하지 못하고 지나치는 것들입니다. 특히 핸드폰이나 가정 사무실용 전화기 숫자 5번에 찍혀 있는 점은 웬만해서는 눈에 띄지 않아 더 그렇습니다.

모두가 시각장애우들을 위한 표식입니다.

전화버튼 5는 1－0번까지 있는 버튼 숫자 중 가운데에 해당합니다. 따라서 시각장애인들은 이 숫자를 기준으로 나머지 숫자를 가

늑케 되는 것입니다. 보도블록 중 점자 불럭은 우리들이 많이 보아 왔기 때문에 그것이 시각장애우들을 위한 시설이라는 것은 미루어 짐작을 하고 있지만, 지하철 계단 옆에 있는 손잡이 중 맨 하단과 상단부분에 오톨도톨한 표식이 있다는 것은 또 잘 모릅니다.

지폐 좌측하단에도 오톨도톨한 표식이 있습니다. 누구나 만져 보면 그 감촉이 다름을 확인할 수가 있습니다. 잘 보이지는 않지만 분명한 표식 때문에 시각장애우들은 손끝으로 그것을 보고 읽게(?) 되는 것입니다. 우리의 시각으로는 살아 계신 예수님을 볼 수가 없습니다. 그러나 조금만 신경 써 본다면 우리는 예수님의 흔적을 곳곳에서 찾아볼 수는 있습니다. 시각장애우들을 위한 표식처럼 예수님은 우리를 위해 사랑의 흔적을 곳곳에 숨겨 두고 계시기 때문입니다.

우리 −. 오늘 한번 그 표식을 함께 찾아보면 어떨까요.

억새꽃 만발한 하늘공원에 가 보세요

아담과 하와가 살던 에덴동산보다 한 단계 '업'(?)된 곳을 찾는다면 아마도 하늘공원을 들 수 있을 것입니다. 오늘 하늘공원에 갔다 왔습니다. 청사초롱 불 밝힌 천국계단 수백 개를 올라서자 정상에 '하늘공원'이라고 쓰여 있는 큰 정원석이 있었습니다. 주변에는 억새꽃이 만발해 있고, 천사 닮은 선남선녀들이 근심걱정 없는 맑은 표정으로 산책을 즐기는 모습이 정말 천국이었습니다.

하늘공원은 먼 곳에 있지 않았습니다. 바로 서울 상암동 월드컵 경기장 옆에 있었습니다. 과거 난지도 쓰레기 매립장으로 불리던 곳이 상전벽해(桑田碧海)가 돼 하늘공원으로 거듭나 있었습니다. 이곳에 올라 보면 월드컵 경기장이 한눈에 들어올 뿐만 아니라 성산대교가 가로 지르는 한강과 멀리 남산까지도 훤히 보이는 멋진 조망권이 확보돼 하늘공원이란 말을 실감케 됩니다.

또 정상부근에는 수만 평의 억새밭이 조성돼 있고 산책로까지 잘 나 있어 이곳을 걷는 것만으로도 하늘나라에 와 있는 느낌을 갖게 합니다. 누가 지은 이름인지 몰라도 정말 주변 경관과 참 잘 어울립니다. 어디 이뿐입니까. 가장 큰 혐오시설 중 하나인 쓰레기 매립장이 하늘공원으로 탈바꿈된 것처럼 이곳에서는 우주의 쓰레기에 불과한 죄 많은 인간들도 하나님의 능력이 함께할 때 선한 사람으로 거듭날 수 있다는 교훈을 얻게 됩니다.

지금 하늘공원에서는 억새꽃 축제가 한창입니다. 시간되시는 분들은 한번 들러봄 직합니다. 청사초롱 불 밝힌 계단을 오르내리는 것도 좋고 오색 찬연한 불빛 속에 군무하는 억새꽃이 볼만하기 때문입니다. 축제기간이 끝나면 야간개방을 하지 않는 곳이기 때문에 더 가 볼만한 곳이기도 합니다. 우리가 꿈꾸는 진짜 하늘공원은 이보다도 훨씬 아름다울 테니 그저 사는 맛이 더 납니다.

사랑 심은 데 사랑나면—

'콩 심은 데 콩 나고, 팥 심은 데 팥 나고,

사랑 심은 데 사랑나면 얼마나 좋을까―'

누군가 낙서처럼 써 놓은 글을 보았습니다. 스쳐지나 가며 본 글이 아직도 가슴에 남아 있는 것을 보면 내게도 그런 마음이 있었나 봅니다. 하트(♥) 모양 하나 제대로 그려내지 못하는 주제에 사랑 운운하는 것이 격이 맞아 보이지 않지만, 가슴속 깊은 곳에서 '울컥'하는 그 무엇이 '사랑의 씨'라고 믿기에 감히 그 사랑을 심어보고 싶은 생각이 가끔씩 듭니다.

바람이 붑니다. 여름 색과 내음은 어디도 묻어 있지 않은 추풍(秋風)입니다. 바바리깃 세우고 덕수궁 돌담길을 내 짝과 걸어보겠다는 야심은 가을만 되면 어디 숨었다가 다시 나타나는지―. 그래서 가을이 남자의 계절이라고 하는가 봅니다. 사랑 심은 데 사랑만 난다면 얼마나 좋겠습니까.

첫사랑―. 생각만으로도 가슴이 떨립니다. 하물며 그 사랑이 저만치 앞서 가고 있다면 몸서리도 쳐질 만할 것입니다. 해처럼 환한 얼굴에 눈처럼 하얀 마음만 가졌을 거라 믿었던 첫사랑이 환영(幻影)이라는 것은 나이를 먹으면서 자연히 알게 되는 것을-. 그래도 추억까지는 지울 수 없는 터, 잠 못 든 날만큼 상처로 남았음을 고백합니다.

이젠 알 수 있습니다. 사랑 심은 데 사랑만 나게 하는 법을-. 속 깊은 예수님 사랑을 따라가는 것입니다. 거기에는 실망도 배신도 상처도 없음을 확신하기 때문입니다. 아-. 단풍잎 고운 이 가을에 첫사랑보다는 속 깊은 사랑에 빠져 몸서리쳐 보렵니다. 사랑 심은 데 사랑 나는, 그런 사랑을 말입니다.

바람 불어 좋은 날?

어제는 바람이 무척 심하게 불었습니다.

강원도 지방은 광풍(狂風)에 가까운 바람 때문에 농어민 피해가 심했다는 뉴스도 나옵니다. 그런데 바람 불어 좋은 날이 된 이들도 있었습니다. 도심 가로수 중에는 은행나무가 많습니다. 노랗게 익은 은행들이 비바람에 우두두둑 떨어져 그것을 줍게 된 이들이 바로 바람 불어 좋은 날이 된 이들입니다.

가로수로 심는 은행나무는 대개가 은행이 열리지 않는 수나무들입니다. 수나무를 골라 심는 것은 은행 알이 악취가 심하기 때문입니다. 하지만 개중에는 암나무가 섞여 있어 노란 은행을 잔뜩 달고 있습니다. 이번 비바람에 잘 익은 은행들이 수없이 떨어졌고 그것을 주은 이들은 연신 바람 불어 좋은 날을 외쳤을 것입니다.

어제 바람 불어 좋은 날이 된 사람 중에는 아가씨 치맛단이 바람에 날려 올라가는 모습을 보고 '씨 – 익' 웃었던 이들도 빼놓을 수 없을 것입니다. 남의 속옷 보고 횡재했다고 하는 이들이 이상

하겠지만 그들은 역시 바람 불어 좋은 날이었다고 합니다.

봄바람은 나뭇가지를 흔들어 삼투압을 향상시켜 새싹이 빨리 나도록 도움을 준다고 합니다. 갈바람은 일생을 끝낸 낙엽들을 안식처로 돌려보내 밑거름이 되게 합니다. 우리 인생들에게 끊임없이 불어닥치는 바람도 그 역경을 넘길 때마다 성숙한 인간으로 거듭나게 합니다. 봄바람은 처녀 가슴을 설레게 하고 가을바람은 사내들을 철학자가 되게도 합니다.

어제 큰 바람 앞에서 무슨 생각을 했는지요. 성경에서는 바람이 '징조'로 상징이 되는 것을 볼 수 있습니다. '네 천사가 땅 네 모퉁이에 선 것을 보니 땅의 사방의 바람을 붙잡아 바람으로 하여금 땅에나 바다에나 각종 나무에 불지 못하게 하더라'(계시록 7 - 1).

바람이 심한 날 나는 혹여 천사가 바람을 놓지나 않았을까 하는 걱정이 앞섭니다. 우리들도 바람 앞에 흔들리는 갈대가 되지 않도록 믿음의 단속을 철저히 할 때가 지금이라고 생각합니다. 어제는 정말 바람이 무서웠습니다.

'울지 마라 너만 슬프냐'

　IMF로 인한 부도, 이어진 가족의 해체. 그래서 더 이상 내려갈 곳이 없는 자리로 떠밀렸던 중년 여인이 있었습니다. 희망이라고는 전혀 보이지 않는 세상 끝자락에서도 절망에 목 놓아 울기보다는 그 어려움에 맞서 싸워 기어이 가족을 일으켜 세운 한 여인이 '울지 마라 너만 슬프냐'라는 책을 냈습니다.

　시골 5일장에서 화장품을 팔며 억척스럽게 살아온 자신의 모습과 몸으로 부대끼며 만들어 낸 이야기들을 정감 넘치는 글로 담아 우리에게 전하는 작가는 '세상의 가장 낮은 자리까지 가 본 사람만이 누릴 수 있는 그런 행복'도 있음을 알려 줍니다. 글 중에서 가장 감동으로 다가왔던 내용 하나를 옮겨 봅니다.

　－담도 대문도 없는 외딴 시골마을에 살았던 적이 있습니다. 잘 생긴 아들 녀석과 예쁜 딸아이와 그 아이들의 엄마인 나. 그렇게 우리 세 식구와 누렁이가 한 가족이 되어 열심히 살았습니다. 그날 함석지붕에 떨어지는 빗소리가 마음을 소란스럽게 한 것을 보니, 아마

수심 가득한 날이지 않았나 싶어요. 그리고 이렇게 기도했어요.

'하느님, 저만 알고 있을게요. 아무도 보지 않을 때 제 발치에 돈 좀 떨어뜨려 주세요. 돈이 꼭 필요하거든요. 너무 힘들어요.' 그렇게 기도하고 밖을 내다보는데 비가 많이 와서 밭품을 팔 수도 없고, 몸집이 커진 누렁이는 비좁아진 개집 밖으로 머리를 내놓고 있는데 누렁이도 처량하고 나도 처량하고, 저녁 반찬으로 무엇을 할까 하다가 텃밭에 심어 놓은 깻잎을 따다 깻잎전을 붙일 생각에 마당을 지나는데 제 발치에 돈이 떨어져 있대요. 꼬깃꼬깃 접힌 이천 원. 틀림없이 하느님이 제 소원을 들어주신 거라 생각했어요. 제 욕심을 시험한 거라 생각하고 내일은 틀림없이 더 많은 돈을 제 발치에 떨어뜨려 주실 거라 생각했어요. 그때 제 나이 마흔 살이었는데, 그런 생각을 다 했어요. 저녁에 읍내로 중학교 다니던 아들 녀석이 돌아왔는데 돈 이천 원을 잃어버려서 친구한테 차비를 빌렸다고. '엄마, 미안해요' 하는데 녀석이 종일 속상해 있었던 것 같더라구요.

'엄마가 주웠는데.'

'정말?'

'응.'

'와아, 하느님 고맙습니다.'

그래서 속으로 아들 녀석이 들을까 봐 '하느님 제가 잘못했습니다. 다시는 그런 생각 안 할게요.' 했어요. 그리고 조금 더 열심히 일해서 채우자 다짐했습니다. 저자인 안효숙 씨는 당신의 심정을 닮은 시도 썼습니다. 그 시는 더 가슴을 메어지게 합니다.

울지 마라
서러운 것은 너뿐이 아니다
지는 꽃은 비명도 없이 고요하지 않더냐

울지 마라
생각이 젖으면 마음도 젖고 눈도 젖는다
젖은 눈을 바라보는 내 마음을 생각해 보아라

울지 마라
춥고 아픈 것은 나 하나로도 족하다
내 마음이 너를 가려 줄 우산이었으면 좋겠다

이 글을 읽으면서 콧등이 시큰했습니다. 마지막 단원의 '울지 마라 춥고 아픈 것은 나 하나로도 족하다. 내 마음이 너를 가려 줄 우산이었으면 좋겠다'는 글을 읽은 순간에는 그 마음이 곧 예수님 마음이 아니었을까 하는 생각까지 들었으니까 말입니다. 이제부턴 우리의 슬픔과 눈물도 이 세상 것들로 인하여 나오기보다는 하나님 앞에서 나 자신의 죄를 회개받을 때만 흘리는 그런 것으로만 남았으면 좋겠습니다.

은행 털고 보니 겨우 10만 원

오늘 벼르고 벼르던 은행을 털었습니다. 남이 봐도 알아보지 못할 만큼 큰 모자 푹 눌러쓰고, 장갑에 운동화까지 신고 은행이 잘 보이는 담을 올랐습니다. 위험이 도사리고 있었지만, 짭짤한 수입을 위해서는 모험도 불사한다는 게 평소 신조인지라 체면도 이목도, 심지어 경찰도 두려울 것이 없었습니다. 아름드리나무에 찰싹 붙어 조심스럽게 올라간 뒤, 평소 눈여겨보아 두었던 은행을 향해 발자국을 떼며 순간적으로 기합을 넣었습니다.

'이 - 야 아 하 -'

내 소리와 동작에 놀란 듯 주변이 소란해졌습니다.

이어 우두두둑 -.

아마 그런 난리도 보기 힘들 겁니다. 터지고 깨지고 구르고 하지만 이왕 벌인 일입니다. 도중에 그만둘 수도 없어 싹쓸이하기로 맘먹었습니다. 긴장 탓인지 이마에 땀이 맺히고, 어깨와 모자엔 치열했던 몸싸움 흔적이 여기저기 남아 있었지만 돈 때문에 참을 만

했습니다.

불과 10분도 안 돼 상황은 종료됐고 이제 사태만 수습하면 언제 그랬냐는 듯이 평화(?)가 올 순간입니다. 하지만 호사다마(好事多魔)라고 벌써 눈치를 챈 주변 사람들이 하나둘 몰려들기 시작합니다. 이들 역시 자기 몫을 챙기겠다는 듯이 내 판에 은근히 끼어듭니다. 매몰차게 거절할 수도 없어 내 수입만 대충 챙겨 자릴 떠야 할 판입니다.

덕분에 손길이 두 배로 빨라지고 다음 동작도 민첩해집니다. 그래도 묵직하게 두어 자루 챙겼으니 이만 하면 오늘 수입은 그런대로 짭짤할 것 같았습니다. 이날 오후 한숨 돌린 뒤 말끔히 헹궈 낸 은행을 놓고 전화를 했습니다. 요즘 은행 값 어떠냐고요. 그랬더니 중국산 때문에 큰 값 안 나간다며 한 10만 원 정도 쳐 주겠다고 합니다.

아침부터 요란한 복장으로 나무 꼭대기까지 올라가 흔들고 발로 차고 하며 '원맨쇼'한 은행털이가 겨우 10만 원이라니 -. 그래서 혼자 웃다가 이웃과 친척끼리 나눠 먹기로 하고 말았습니다. 오늘 은행 턴 건 그래도 참 잘한 것 같습니다. 집 앞이 훤해졌기 때문입니다.

대문 걸어 잠그고 먹는 '아욱국'

한참 만에 고향집에 오니 가을 분위기가 물씬합니다.

뜰에는 빨간 고추, 마당에는 누런 콩깍지가 가을 햇볕에 속내를 드러내고 있고, 뒤꼍 장독대 옆에 서 있는 감나무는 '아기 볼'만큼이나 고운 홍시를 매달고 위태롭게(?) 서 있습니다. 반면 텃밭에는 김장용 배추와 무가 시간이 갈수록 푸름을 더해 유일하게 반(反) 가을을 외치는 이방인 같아 보입니다. 어디에다 눈길을 주워도 넉넉해지는 마음이 정말 가을을 실감하게 합니다.

시인 릴케가 가을날이란 시를 통해 '주여 때가 되었습니다'라고 외친 그 간절한 심정이 바로 이 같은 풍요를 염두한 기원이었음을 짐작케 합니다. 오색 단풍과 보름달이 아니어도 이 계절이 아름다운 것은 넉넉한 가을걷이가 기다리고 있기 때문일 것입니다.

그런데 - .

이 가을 또 다른 맛이 있다는 거 아십니까. 텃밭 혹은 비닐하우스에서 별다른 손길도 받지 않고 자란 아욱이 눈에 띄는 계절입니다. 이 아욱을 뜯어다 된장 풀고 파 숭숭 썰어 넣고 끓인 아욱국은 그 맛이 어찌나 구수하면서 단지, 이웃이 알세라 대문 꼭꼭 걸어 잠그고 자기 식구들끼리만 먹는 국이랍니다. 비싼 쇠고기 국을 끓여도 문을 잠그지 않고 먹는 데 비해 아욱국은 대문까지 잠그고 먹었다고 하니 그 맛이 짐작가지 않습니까.

오늘 저녁에 그 아욱국을 먹었습니다.

큰아들 내려온다는 전화 받고 노모가 끓여 놓은 아욱국이었습니다. '엄니 대문 걸어 잠겄수. 옆집 알면 안 되잖유.' 들은풍월은 있어 농담을 했더니 어머니 대답 왈, '벌써 자물통까지 채워 놔 도둑놈도 못 들어오니께 맘 놓고 어여 먹어.'

덕분에 과식해서 지금까지도 속이 더부룩해 죽을 맛이랍니다. 차라리 대문이라도 열어 놓고 먹었으면 이런 일 안 일어났을 텐데. 날씨가 많이 서늘해졌습니다. 그래서 따스한 아욱국이 더 간절해집니다. 다음에 아욱국 끓일 땐 대문 활짝 열어 놓을 테니까 한번들 오세요.

내일은 '빼빼로데이'인데 —

　　11월 11일인 내일은 '빼빼로데이'입니다. 길쭉하게 생긴 과자 빼빼로 4개를 일렬로 세워 놓으면, 1111이 되는데 이것이 11월 11일과 모양이 같아 빼빼로 날이 돼 버렸나 봅니다. 젊은이들 사이에서는 밸런타인데이에서부터 화이트데이 등 별별 날이 많기도 하지만 그래도 다행(?)인 것은 국적불명의 다른 날과 달리 빼빼로데이는 토종 기념일이라는 겁니다. 이날이 생긴 것은 남도지방 여학생들 사이 날씬한 몸매(빼빼 마른 몸)를 유지하라는 뜻에서 국산과자 빼빼로를 선물로 주고받은 데서 유래가 됐다고 하는데, 지금은 남녀노소 간 사랑의 선물을 주고받는 날로 자리 잡아 가고 있는 모습입니다.

　　이날을 앞두고 백화점과 대형 쇼핑센터는 물론 구멍가게서조차 길거리까지 나오도록 과자 '빼빼로'를 진열해 놓고 판매하며 주머니를 채우는 것을 보면 아이러니하게도 이들만의 잔칫날로 11월 11일이 자리 잡은 듯해 기분이 묘해지기도 합니다. '별 이상한 풍습'이라고 폄하해 오던 나도 쇼핑센터에 들렀다가 남들처럼 빼빼로 몇 갑 사 가지고 왔습니다. 그리고 오늘 아침 함께 일하는 식구들에게 미리 한 갑씩 나눠줬습니다. '빼빼로데이에 빼빼로 받을 수 있는 인간이 하나도 없는 것 같아 내가 미리 나눠 준다'는 멘트와 함께 말입니다.

그랬더니 한 친구 왈, '받긴 받아도 떨떠름'하답니다. 정작 받고 싶은 이한테서 받아야 제맛이라는 뉘앙스가 섞여 있었습니다. 하지만 빼빼로데이를 앞두고 모처럼 과자를 먹으면서 함께 웃을 수 있어 좋았습니다. 빼빼로데이. 과자업체의 상술이라고 혹은 청소년들의 장난에서 발생된 날이라고 치부하고 넘어갈 수도 있지만 우리에게는 또 다른 의미가 있을 수도 있습니다.

일일(11)이 말하지 않아도 하나하나(11)같이 들어 주시는 주님을 상기해 보는 그런 날이 11월 11일이 될 수도 있으니까 말입니다. 생각 같아서는 모든 성도님들에게 빼빼로 한 갑씩 선물하고 싶은데 - ㅋ. 마음으로 하고 그냥 웃지요.

발꿈치 '각질'을 벗겨 내는 나이에—

내 어릴 적, 부모님은 겨울철 밤에 가끔씩 세숫대야에 따뜻한 물 가득 담아 와 두 발 담그고 불린 다음, 가위나 사금파리 혹은 돌멩이로 발꿈치 각질을 벗겨 내곤 하셨습니다. 물에 퉁퉁 불은 발꿈치를 가윗날로 긁어내면 허연 각질이 밀려 나오는 모습이 신기해, 나도 해 보겠다며 흉내를 내기도 했지만 불그스름한 내 발꿈치에서는 '때'만 나왔던 기억이 납니다.

'애들은 이런 게 일어나지 않는다'며 웃음만 보태시던 주름진 부모님 얼굴이 아직도 생생한데, 나도 모르게 그 애가 어른이 돼 오늘 목욕 후 발꿈치 각질을 벗겨 내는 작업(?)을 했습니다. 신문지에 두 발을 올려놓고 가위 대신 칼을 사용해 발꿈치 각질을 벗겨 보니 살살 밀리는 재미가 쏠쏠했습니다. 그러다 보니 깨끗하게 다 벗겨 내겠다는 욕심이 더해져 그만 발꿈치 생살까지 베어 내고 말았습니다. 물에 불은 살이라 칼날이 쉽게 살 속으로 파고 든 것 같습니다.

　금세 붉은 피가 줄줄 흐르고, 따끔거리는 고통 때문에 눈물까지 뺄 지경이 됐습니다. 소독약을 찾아 바르고 밴드까지 붙였지만, 신발을 신을 때마다 상처부위가 닿는 바람에 편하게 걷지도 못하고 있습니다. 각질을 벗겨 내는 부모님을 보면서 어른들은 참 이상하다고 생각했던 것이 정말 엊그제 같은데, 벌써 내 나이가 그 나이가 돼 버린 것입니다.

　아직도 마음은 '붉은 피'처럼 젊기만 한데, 몸은 벌써 허옇게 일어나는 '각질'로 변해 버린 것입니다. '가는 세월 가래로 막고 오는 백발 호미로 막아도 세월이 먼저 알고 지름길로 오더라'는 선인들의 말이 아니래도 요즘은 빠른 세월 실감하며 삽니다. 각질 벗기려다 생살까지 벗겨 버리는 실수처럼 지나온 내 인생살이에서의 시행착오는 또 얼마나 많았을까요. 그때마다 붉은 피를 보는 것같이 안타깝고 슬펐을 부모님과 예수님을 생각하면 그저 한숨만 나옵니다.

　발꿈치 상처가 다 나을 때까지만이라도 나를 위해 기도해 주고 사랑해 준 귀한 분들을 생각하는 그런 아름다운 시간이 되었으면 하는데 ─. 이것마저도 금세 잊지나 않을는지 모르겠습니다. 각질을 벗겨 내야 하는 나이가 됐지만 아직도 마음이 영글지 못했기 때문입니다.

'잘 찍고, 풀고 소화하세요'

　내일은 대입 전초전인 수능시험이 있는 날입니다. 날씨도 평년 기온보다 내려가고 찬바람도 많이 분다는 예보가 있어 수험생이나 부모, 그 가족들을 더 애태우게 하고 있습니다. 그런 반면에 수능시험 반경에서 멀리 떨어져 있는 이들에게는 재미있는 풍경이 많아 삭막한 만추에 즐거움을 주기도 합니다. 이 중 대표적인 것이 별난(?) 수능선물들입니다.

　예전에는 수험생들에게 떡과 엿을 나눠 주는 것이 전부였던 것 같은데-. 지금은 그야말로 고전이 된 지 오래고 대신, 잘 찍으라는 의미의 도끼나 포크, 그리고 시험 문제를 잘 풀라는 의미로 휴지말이, 합격을 팍팍 밀어준다는 때밀이 수건이 선물로 인기라고 합니다. 또 소화제도 대입수능 덕분에 때 아닌 인기를 누리고 있는데, 소화제가 선물로 인기를 끄는 이유는 '시험문제를 어렵지 않게 잘 소화하라'는 뜻이 담겨 있기 때문이랍니다. 이 밖에도 약을 모방한 '두뇌클리닉', '대학직방탕', '신전대승탕' 등이 등장하기도 합니다. 이는 실제 약이 아닌 사탕과 엿 등을 넣어 포장한 특별 선물들입니다.

듣기만 해도 입가에 웃음이 나오고, 보면 더 기막힌 수능선물 꾸러미를 보면서 난 또 엉뚱한 생각을 하게 됐답니다. 하늘나라도 시험보고 간다면 -. 그것도 1년에 한 차례씩 선발 시험을 보고 그것을 통과한 사람만이 가능하다면 정말 가관일 겁니다. 나처럼 시험하고는 젬병인 이들은 학원 다니기에 과외공부에 별짓을 해도 소용이 없을 텐데 -. 생각해 보면 참 다행한 일입니다. 시험 보지 않고 가는 하늘나라이기 때문입니다.

물론 믿음의 불량도 시험일 수 있겠지만 머리 싸매고 하는 '야자'나 학원 강습, 과외공부와 비교하겠습니까. 내일 수능시험 보는 수험생들과 그 가족 모두에게 좋은 결과만 있었으면 좋겠습니다. 기도로 응원한다고 살짝 귀띔해 주고 싶네요. 수험생 여러분 화 - 이 - 팅 -

비누

우리가 사용하는 비누 중에 '아이보리'라는 상품이 있습니다.

비교적 고급에 속하는 이 비누는 '물에 뜨는 비누'로 더 잘 알려져 있습니다. 미국 남북전쟁 당시 만들어진 이 비누는 초창기에 '하얀 비누'라고 불리었습니다. 하지만 우연한 실수로 비누 용액에 공기가 주입되면서 '고형화'된 비누덩어리가 물에 뜨게 되자 '하얀 비누'는 갑자기 유명해지기 시작했습니다. 그러자 직원들 사이에서 '하얀 비누'라는 평범한 이름 대신 세련된 상품명을 붙이자는 의견이 나왔습니다.

회사 대표는 기발한 비누 이름을 짓기 위해 여러 날을 고심했습니다. 그러나 마땅한 이름이 떠오르지 않았습니다. 교회서 예배를 드리면서까지 자꾸 비누 이름만 생각하게 되었습니다. 그때였습니다. 목사님이 성경을 펴고 시편 45편 8장을 낭독하는 것이었습니다.

'왕의 모든 옷은 몰약과 침향과 육계의 향기가 있으며, 아이보리 궁에서 나오는 현악은 왕을 즐겁게 하도다.'

이 소리를 듣는 순간 그는 '탁' 하고 무릎을 쳤습니다.

'바로 그거야 – 아이보리.'

회사 대표는 그 길로 새 비누 이름을 '아이보리'(상아)로 지었습니다. 그 비누가 지금도 세계적으로 유명한 물에 뜨는 비누 '아이보리'입니다.

비누 이름 하나 짓는데도 하나님의 역사가 있어야 한다고 말하면 웃는 이들도 있을 것입니다. 그러나 누가복음 12장 7절에 '너희에게는 오히려 머리카락까지도 다 세신 바 되었나니 두려워하지 말라. 너희는 많은 참새보다 귀하니라'고 약속하신 하나님의 말씀을 상기해 보면, 그분의 손길은 이 세상 어떤 이에게도 미치지 않음이 없음을 알게 됩니다. 여러분은 그런 경험을 얼마나 하고 사시는지요. 오늘은 그 경험이 여러분의 것이 되기를 기도드립니다.

수의(壽衣)

공수래공수거(空手來空手去)라는 말이 있습니다.

그래서일까요. 수의(壽衣)에는 주머니가 없습니다. 빈손으로 왔다가 빈손으로 가는 인생이기 때문입니다. 그래도 죽어 옷 한 벌 건졌다고 위로를 삼을지 모릅니다. 하지만 죽은 뒤에 입는 옷인지라 위로보다는 슬픔만 더할 뿐입니다.

2년 전 여름 뜻하지 않은 교통사고로 아버님이 돌아가셨습니다. 현장에서 운명하셔서 그 누구도 임종을 지켜볼 수 없었습니다. 더군다나 외국에서 살던 나는 서둘러 들어왔지만 겨우 입관을 지켜볼 수 있었을 뿐입니다.

누구든지
언젠가는
한 번은 가야 할 길이지만,
그때처럼 '문밖이 저승길'이라는 말을 실감해 본 적이 없습니다.

　외국 나가면서 생전 처음으로 안아 봤던 작은 체구의 아버지를 다시 돌아오는 날 더 따뜻하게 안아 드리고 싶었었는데-. 그만 수의(壽衣)를 입혀 드리고 말았습니다. 생전에 변변한 옷 한 벌 해 드리지 못하다가 돌아가신 뒤에야 겨우 베옷 한 벌 해 드린 셈이 됐습니다. 그날 얼마나 울었는지 모릅니다. 내 생전, 아니 내 눈물샘에 그렇게 많은 수분이 숨어 있었는지 몰랐습니다.

　지금은 고향 선산 양지바른 땅에 잠들어 계시지만 아버님을 생각하면 언제나 가슴이 미어집니다. 다행히도 자녀들의 마음을 아시는 하나님께서 아버님 산소 봉분과 그 주변을 감싸고도 남을 만큼의 넉넉한 잔디 옷을 입혀 주셔서 그나마 베옷 한 벌 해 드린 죄송함을 달랠 수 있었습니다. 주머니 없는 수의를 보면서도 내 주머니는 물론 자식 주머니까지 세상 것으로 꽉꽉 채워 넣으려는 이 욕심은 정말 죽을 때까지 버릴 수 없는 업(業)인지 모르겠습니다.

'십자가' '주안'이란 지명도 있어요

오늘 일 때문에 충남 보령에 다녀오는 길이었습니다.

새로 이전한 보령 버스터미널에서 서울행 버스를 기다리고 있는데, 새 건물이라선지 이곳저곳 둘러볼 것이 많았습니다. 그러다가 무심코 터미널 벽에 걸려 있는 버스 시간표를 훑어 보다 그만 깜짝 놀랐습니다. 수많은 지명 중에 '십자가'가 눈에 들어왔기 때문입니다.

세상에 저런 지명도 있었나 싶어 표 파는 아가씨에게 물어보았습니다. 그랬더니 가 보지는 않았지만 그런 곳이 정말 있다고 대답합니다. 물론 행선지에도 '십자가'까지의 버스 요금이 5,100원이라고 나와 있었습니다.

집에 와서 지도를 펴 놓고 확인해 보니 십자가는 논산 부여 간 국도 4호선과 지방도 799호선 근처에 있었습니다. 한문으로는 어떻게 표기하는지 모르지만 정말 십자가 맞았습니다, 내가 내 이름으로 된 첫 집을 산 곳이 '주안'이었습니다. 인천 석바위 부근에 있는 주안은 평소 이름이 참 좋다고 여기던 차에 마침 장인께서 근처에 집 한 채 나왔는데 구매 의사가 있느냐고 묻기에 보지도 않고 무조건 사 버렸습니다.

덕분에 이날 이후 남들이 어디서 사느냐고 물으면 '주안에 삽니다'라고 자신(?) 있게 말할 수 있었습니다. 우리나라 지명이 다양하다는 것을 알면서도 '그런가 보다'고 지내 왔었는데, 오늘 십자가라는 지명을 보면서 새로운 느낌으로 주님께서 지셨던 십자가를 다시 생각하게 됐습니다.

한때, 더하기(+) 표시만 봐도 십자가를 연상할 만큼 믿음 좋은 체 했던 때도 있었는데, 세월이 흐르면서 붉은 십자가를 봐도 감동이 오지 않는 것은 왜인지요. 오늘 터미널에 걸려 있는 버스 시간표에서 '십자가' 지명을 보면서 마음속에 새롭게 각인한 믿음의 분량이 세상 빛에 퇴색되지 않고 오래오래 갔으면 합니다.

살아가는

이야기 2

요즘 아이들 (1)

의정부에 있는 한 초등학교 뒷골목을 운전해 나오는 길이었습니다.

마침 하굣길이어서인지 4 - 5학년쯤으로 보이는 학생들이 길가에 한 무리 지어 있는 모습이 보였습니다. 그래서 여느 때보다 더 조심스럽게 운전을 하고 있는데, 꺾인 골목 앞에서 그만 급정거를 하고 말았습니다.

좁은 골목길 한가운데를 가로질러 우유팩이 줄지어 있었기 때문입니다. 간신히 피해 나오면서 백미러를 보니 내 차를 따라오던 뒤차는 미처 우유팩을 보지 못하고 몇 개를 깔아뭉개고 말았습니다. 그러자 아이들이 와 - 하며 함성을 질러 댑니다. 터진 우유팩에서 새 나온 우유가 골목을 흥건히 적시고 있는 모습을 보면서 방금 전 일어난 일의 전말을 이해할 수가 있었습니다.

학교에서 나눠 준 우유를 먹지 않고 가지고 나와 골목길 한복판에 늘어놓고 누구 우유팩이 차바퀴에 가장 먼저 걸려 터지는지 시합을 하고 있었던 모양입니다. 그러니 바퀴에 깔리는 모습을 보면서 함성을 지르고 박수를 쳐대는 것 아니겠습니까. 그렇잖아도 급식으로 받은 우유가 먹기 싫어 통째로 쓰레기통에 버리거나 며칠씩 가방에 넣고 다니는 아이들이 있다는 이야기를 들은 바 있는데, 그 현장을 직접 보고 나니 정말 요즘 아이들에 대한 평가가 달라지기 시작했습니다.

40대 중반 세대만 해도 미국서 원조 받은 밀가루와 옥수수 가루로 만든 빵을 배급받아 먹었고, 그것도 혼자 먹기 죄스러워 집으로 가지고 와 식구들끼리 한 조각씩 떼어 먹던 것과는 비교하지 않는다 해도 먹을 것 가지고 장난치는, 그것도 교통사고를 유발시킬 수 있는 그런 위험한 장난을 하는 요즘 아이들을 보면서 많은 실망을 했습니다. 철부지들의 장난이라고 치부할 수만 없는 그런-.

이번에 어이없는 일을 경험하면서 요즘 아이들을 위해 기도하고 선도하는 일이 우리 몫이 돼야 한다는 생각과 함께 한편으론 요즘 아이들 정말 해도 너무한다는 생각이 듭니다.

요즘 아이들 (2)

멀쩡한 우유를 골목길에 나란히 세워 놓고 자동차 바퀴로 갈리게 하는 그런 현장을 목격한 뒤로 요즘 아이들이 많이 미워졌었습니다. 그런 생각이 짙어져 있던 터라 아이들의 작은 행동조차도 더 왜곡돼 보였습니다. 그런 생각을 갖고 있던 때 전철을 타고 가는 중에 한 역에서 초등학교 3 - 4학년짜리가 엄마와 함께 타는 모습이 눈에 들어왔습니다.

그런데 그 녀석이 전철에 올라타자마자 꽉 찬 좌석 앞에 얼른 쪼그려 앉으며 하는 말이 '엄마 나 힘들어' 하는 것이 아닙니까. 그러자 앞에 앉아 있던 50대 아저씨가 마지못해 자리를 양보해 주면서 전철 맨 끝으로 가는 것이었습니다. 그 순간 내 입에서는 또 이런 말이 새 나왔습니다.

'요즘 애들이란 게 -'

정말 너무 영악해 보이기만 했습니다. 또 그 모습을 그대로 지켜보고 있는 젊은 엄마는 더 미웠습니다. 그런데 조금 뒤에 그 엄마가 아이가 쓰고 있던 마스크를 벗기고 곧 이어 모자를 벗기는 것이었습니다. 그 순간 저는 깜짝 놀랐습니다. 아이가 '빡빡머리'였던 것입니다. 또 창가로 뒤돌아선 뒷머리를 보니 수술자국이 나 있었습니다. 동병상련이었을까요. 옆에 있는 60대 아주머니가 '너 참 고생 많이 했구나' 하면서 아이의 볼을 쓰다듬어 주는 것이었습니다.

옆에서 이들의 대화를 가만히 듣자니 아이는 소아암에 걸려 수술을 했고, 정기적으로 병원에 다니는 그런 아픈 몸이었던 것입니다. 어린나이에 큰 병을 얻어 어려운 수술을 하고도 자기 혼자 자리에 앉아 있는 것이 미안해 자꾸 엄마를 옆에 앉히려는 이 아일 보면서 그만 눈시울이 뜨거워졌습니다.

요즘 아이들이 이 정도의 정과 사랑이 있으면 미래도 밝은 거 아닙니까, 처음엔 자리를 양보 받으려는 '할리우드 액션'으로만 알고 미워했던 내 마음이 초라해지는 순간이기도 했습니다. 이제부턴 요즘 아이들을 위해 정말 열심히 기도할 겁니다. 그들이 내 아이들인 양 말입니다.

지하철, 그리고 할머니와 항아리

얼마 전, 2호선 지하철을 타고 가는데 팔순이 가까워 보이는 할머니 한 분이 어렵게 승차하는 모습이 눈에 띄었습니다. 구부정한 허리에 힘없어 보이는 이 할머니는 유모차에 커다란 항아리 한 개를 싣고 힘들게 밀며 전철 안으로 들어오는 것이었습니다.

지하철과 항아리 —

정말 진풍경이었습니다. 서울 한복판, 그것도 지하철 안에서 마주친 이 모습에 더 당황한 것은 승객들이었습니다. 그도 그런 것이 젊은이도 감당하기 힘들 것 같은 1미터 크기의 커다란 항아리를 할머니가 유모차에 싣고 나타났으니 말입니다.

노약자보호석 앞으로 유모차를 끌고 간 할머니는 아무 일 아니라는 듯 자리에 앉으셨습니다. 그리곤 그뿐입니다. 주인이 손잡이를 놓아 버린 유모차는 전철이 덜컹거릴 때마다 바퀴가 움직여 옆 사람 쪽으로 밀리거나 문 쪽으로 움직여 가는 것이었습니다. 옆에 있던 승객들이 엉겁결에 유모차를 잡아 보지만, 그 모습이 또 생뚱맞아 보이기만 합니다.

값나가 보이는 항아리도 아니고, 더군다나 오래된 것도 아닌, 어쩜 도회지서는 잘 사용하지도 않을 것 같은 항아리를 그것도 허름한 유모차에 싣고 나선 할머니의 사연은 도시 추측하기도 힘들었습니다. 아마 김장철에 쓰려고 누가 버린 것을 주어 가지고 집으로 가는 길인지, 아님 또 다른 사연이라도 있는지 - . 정말 보는 것만으로도 심난해졌습니다. 저 무거운 걸 가지고 어떻게 지하까지 내려왔으며 승무원이 제재를 하진 않았는지도 궁금해졌습니다.

보통의 삶 속에 특이한 모습이 보이면 이처럼 시선을 끌게 됩니다. 그것이 일탈을 꿈꾸는 이들의 퍼포먼스가 아닌 이상, 주변 사람들의 시선이 곱지만은 않습니다. 지하철에서 유모차에 항아리를 싣고 나타난 할머니를 보는 순간, 안타까운 생각이 든 것도 내가 그 할머니의 삶과 관련 없는 아웃사이더이기 때문만은 아닌 듯싶어집니다.

혹여 우리의 삶도 주님이 보시기에는 신앙과 궁합이 맞지 않는 그런 모습은 아닐는지요. 허름한 유모차에 항아리를 싣고 전철을 타는 할머니의 모습처럼 말입니다.

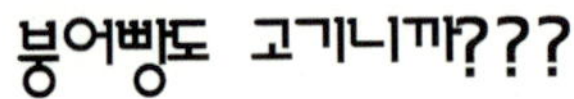

붕어빵도 고기니까???

외사촌 동생 중에 '채식주의자'가 한 명 있습니다.

고기를 안 먹는 것은 당연지사지만, 멸치 꼬랑지는 물론 그 국물까지도 입에 대지 않는 철저한 채식주의자입니다. 여기에다 라면도 쇠고기 국물 맛이 나면 먹지 않고 김밥도 햄을 다 뽑아내고 나서야 먹습니다.

한번은 식당에 떡국을 주문하고 고명으로 얹는 고기까지 빼달라고 신신당부했는데도 평상시처럼 배달이 됐습니다. 그러자 동생은 값을 치르고 나서 다시 주문을 했습니다. 바쁜 시간대여서인지 아니면 주방장의 실수인지 또다시 일반 떡국을 가져온 것입니다. 세 번째가 돼서야 고기를 뺀 떡국이 배달됐습니다. 이날 동생은 엄청 비싼 떡국을 먹고 말았습니다. 이런 덕분에 동생 식탁을 보면 토끼가 사촌하자고 덤빌 판입니다.

그런데 같은 사무실에서 일하는 직원들은 고기라면 환장을 합니다. 며칠만 육식을 하지 않아도 눈앞에 헛것이 보인다는 등 허풍도

심합니다. 물론 고기 못 먹는 동생을 놀리는 뉘앙스도 짙습니다.

그러던 어느 날입니다.

외출했다 들어오던 한 직원이 손에 든 봉지를 책상 위에 펼쳐 놓자 붕어빵이 잔뜩 들어 있었습니다. 모두들 달려들어 맛나게 먹다 보니 금세 빈 봉투만 남게 됐습니다. 그때 생각난 사람이 바로 채식주의자 동생이었습니다. '이런 아무개 것은 한 개도 남겨 놓지 않았잖아' 누군가가 말하자 다른 직원이 얼른 대답합니다.

'그 형님은 채식주의자야. 붕어빵도 생선(?)이잖아.'

이 말에 우린 배꼽을 잡고 웃었습니다.

그리곤 붕어빵을 다 먹은 미안함에서 모두 해방될 수 있었습니다.

우리도 '빨간 양말' 준비해 볼까요

12월 달력은 쳐다볼수록 걱정이 '산' 같아집니다.

특히 25일 이후는 눈길도 주기 힘들 만큼 부담이 됩니다. 크리스마스와 상관없는 나이가 됐는 데도 말입니다. 12월 첫날, 대형마트에 들렀다가 징글벨 소리에 취하고 크리스마스트리와 카드에 취해 한동안 정신이 없었습니다. 취업이 안 되고 경제가 어렵다고 난리들인데, 이곳은 근심과 걱정으로부터의 '무풍지대'였습니다.

엄마 손 잡고 나온 아이는 장난감 코너에서 떠날 줄 몰라 했고, 수능시험 끝난 고등학생들은 물 만난 고기였습니다. 연인들의 다정한 미소와 맞잡은 손에서는 사랑이 뚝뚝 떨어집니다. 그 틈에서도 유독 내 눈길을 끈 것이 있었으니 쇼핑센터 한쪽 벽에 걸려 있는 커다란 빨간 양말이었습니다. 자루에 더 가까울 만큼 커다란 이 양말에는 산타 할아버지한테 받고 싶은 선물로 꽉 차 있었습니다.

와-. 저런 선물 받으면 정말 좋겠다. 나도 모르게 그런 생각을 하면서 혼자 웃었습니다. 오늘 밤은 내 침대 머리맡에 빨간 양말

하나 걸어 놓을 참입니다. 내 마음속 산타인 예수 그리스도께서 마구마구 퍼 주실 선물 담을 양말을 말입니다 그분은 크리스마스 날뿐만 아니라 나를 위해 산타보다 항상 더 많은 선물을 놓고 가시는 분이십니다.

아마 오늘 밤 내가 걸어 놓은 빨간 양말을 보면서 그분도 내가 쇼핑센터에서 빨간 양말을 보고 지었던 미소를 똑같이 지으실 것입니다. 님들도 오늘 밤 빨간 양말 한 켤레 준비해 보면 어떨까요.

자동차 '월동' 준비는 이렇게 하세요

첫눈이 내리고 따듯한 군고구마나 호빵이 생각날쯤이 되면 김장 못지않게 중요한 것이 자동차 월동준비입니다. 자가용이 보편화된 요즘이지만 대개는 '운전은 하나 차는 잘 모르는 이들'이 많습니다. 그러기 때문에 겨울이 오건 여름이 오건 관계없이 운전만 하면 되는 줄 압니다. 덕분에 호미로 막을 일을 가래로 막아야 하는 불상사가 가끔씩 나오기도 합니다.

자동차 월동 준비 핵심은 배터리입니다.

날씨가 추워지면 배터리의 성능이 저하되기 때문에 다른 계절보다 시동이 잘 걸리지 않기 때문입니다. 배터리는 교환 뒤 3년이 지났거나 점검창이 녹색이 아닌 붉은색이면 배터리 성능이 떨어졌다는 것을 의미합니다. 전해액이 부족하면 보충하고 상태가 좋지 않으면 새것으로 교환하는 것이 좋습니다.

히터도 체크해 볼 필요가 있는데 히터에서 냄새가 난다면 공기 필터에 곰팡이가 서식하고 있다는 증거입니다. 자동차 용품점에서 곰팡이 제거제를 구입해 공기배출구에 뿌려 주면 됩니다. 또 겨울에는 낮과 밤의 온도차가 커 안개가 자주 낍니다. 따라서 안개등을 반드시 점검할 필요가 있습니다. 안개등의 밝기도 체크해 주면 더 좋습니다.

부동액도 빼놓을 수 없는 점검 사항입니다.

요즘에는 사계절 냉각수를 쓰기 때문에 겨울이라고 해서 따로 부동액을 넣을 필요는 없지만 넣은 지 오래됐으면 부동액과 물을 50대 50의 비율로 새로 교환하여 주는 것이 좋습니다. 일반적으로 새 부동액 색깔은 초록색입니다. 붉은 녹물이 비치거나 다른 색으로 변질됐으면 새 부동액으로 교환해 주어야 합니다.

겨울용 워셔액도 챙겨야 합니다.

날씨가 추워져 워셔액이 얼어 나오지 않을 경우가 있기 때문입니다. 특히 눈이 내릴 때 워셔액이 나오지 않으면 큰 낭패를 볼 수 있기 때문에 워셔액은 반드시 챙겨야 합니다. 타이어 상태도 점검해야 하는데, 눈이 많을 것으로 예상되면 스노타이어로 교환해 타고 다니는 것도 좋습니다. 그렇지 않을 경우는 타이어 마모 상태를 점검하고 공기압만 잘 챙겨도 위험이 반으로 줄어듭니다. 이 밖에도 뒷유리 열선을 점검하고 김 서림이나 서리 제거장치가 제대로 작동하는지도 살펴보아야 합니다.

또 겨울이라도 가끔은 에어컨을 작동시키는 것이 좋습니다.

보름에 한 번 정도는 에어컨을 켜 줘야 냉매 순환이 매끄럽게 되고 냉매 유출을 막을 수 있기 때문입니다. LPG 차는 연료 특성상 대기온도가 떨어지면 증기압이 낮아지고 연료의 활성화가 저하돼 시동이 잘 걸리지 않을 수 있습니다. 따라서 정상이던 LPG 차량이 기온이 급강하되면 시동성이 불량해지는데 이것은 대부분 연료에 프로판 함유량이 낮아 발생됩니다.

동절기에 상시 운행지역을 벗어나 추운지방으로 차량을 이동할 경우에는 지역별로 프로판 비율이 다를 수 있으므로 도착 즉시 프로판 함유량을 충분히 지닌 현지 LPG 충전소에서 연료를 충전하는 것이 다음 날 시동에 유리합니다. 겨울철에는 환기가 가능한 지하주차장에 차량을 주차해야 하며 여건이 안 될 경우 엔진의 위치가 건물 벽을 향하여 주차하는 것이 좋습니다. 또한 차량 앞쪽이 해 뜨는 방향으로 주차하면 차량이 태양열을 받아 시동성 향상에 많은 도움이 됩니다.

물론 체인과 방전 시 요긴하게 사용할 수 있는 점프선, 미끄럼과 성애 방지용 스프레이 등을 갖춰 놓는 것도 월동준비에 포함되니 꼭 참고하시기 바랍니다. 그러나 무엇보다도 중요한 것은 차를 운행하기 전 안전운전에 도움을 주십사하고 주님께 기도드리는 것입니다. 이것이야말로 겨울철 안전 운행에 가장 큰 도움이 되기 때문입니다.

보긴 누가 본다고

날씨는 춥고, 거기다 바람까지 부는 날 - .

그것도 밤 10시가 넘은 시간인데 좀 어떠랴 싶었습니다. 주·정차 금지구역임을 알면서도 설마 하는 심정으로 은근슬쩍 차를 대 놓고 볼일을 보고 왔습니다. 혹시나 하는 마음으로 차 앞 유리를 살펴보았지만, 스티커나 경고장이 붙어 있지 않아 '그럼 그렇지' 하면서 그날 일을 까맣게 잊고 지냈습니다. 그런데 1주일 뒤 사무실로 통지서 한 장이 날아왔습니다. 주·정차 위반사실 통보서였습니다.

귀신까지 속였다고 생각했었는데, 선명하게 찍힌 내 차와 번호판을 보면서 깜짝 놀랐습니다. 여기에다 과태료 4만 원을 보는 순간엔 기가 팍 죽어 버렸습니다. 어떻게 알았을까. 분명히 주차위반 스티커도 붙어 있지 않았었는데 - . 옆에 있던 동료들이 사진을 보더니 이렇게 말하는 것이었습니다. '에이 - 무인단속 카메라구만. 거 있잖아 주차위반단속 전용 카메라 말야' 그러면서 코러스(?)도 빼놓지 않습니다.

‘그런데 사진 한번 참 잘 나왔다. 번호판도 선명하구.’

실감나는 주 정차 위반 확인 사진 4장에 4만 원. 그리고 더 실감나는 ‘귀하는 도로교통법 제32조 내지 33조 규정을 위반하여 동법 제160조 및 161조 규정에 의거 과태료를 부과한다’는 친절한 멘트. 아무튼 이날은 성질나서 점심도 굶었습니다. 하지만 곰곰이 생각해 보니 자업자득이었고, 내 꾀에 내가 넘어간 셈이었습니다. ‘보긴 누가 봐’ 이 한 번의 잘못된 생각 때문에 망신당하고 돈까지 잃게 된 것입니다.

반면 이번 사건을 경험하면서 그동안 남이 보지 않는다고 은근슬쩍 저질러 온 불법과 죄가 얼마나 많았었는지 -. 되돌아보는 계기가 되기도 했습니다. 이날은 4만 원 때문에 울다가 웃은 그런 날이었습니다.

생일 잊어버린 것도 죄(?)라서—

지난해 오늘, 아침 일찍 필리핀에 유학 중인 아들 녀석으로부터
전화가 걸려 왔었습니다. 녀석은 약간 들뜬 목소리로 이렇게 말하
는 것이었습니다.

'아버지 낳아 주시고 길러 주셔서 고맙습니다.'

아닌 밤중에 홍두깨도 아니고, 자다가 봉창 뚫는 소리는 더더욱
아닌 것이-. 아침부터 무슨 헛소리냐고 야단을 쳤습니다. 그러자
녀석은 한 술 더 떠 하는 말이 '앞으로는 더 열심히 공부하고, 노
력해서 훌륭한 자식이 되겠습니다.' 하는 겁니다. 그때까지도 난
아들 녀석이 무슨 어려운 부탁이라도 하려고 이른 아침부터 아부
를 떠나 보다 했습니다. '그래 할 말 있으면 해라. 뭐가 필요한데
-.' 그러자 아들 녀석은 잠시 말을 끊더니, 이렇게 대답합니다.

'아빠 오늘이 제 생일이잖아요.'

벽에 걸려 있는 달력을 보니 정말 녀석의 생일이 맞았습니다.
순간 당황도 되고 미안하기도 해 얼떨결에 그만 '벌써 그렇게 됐

니?’ 하고 말았습니다. 얼렁뚱땅 전화를 끊고 나니 금세 가슴이 짠해졌습니다. 먼 타국에서 미역국이나 얻어먹었는지. 고향 친구들은 또 얼마나 그리웠을까. 겨울에 난 녀석이라선지 유난히 눈도 좋아했는데 -

그런 아들 녀석의 생일을 까맣게 잊고 산 것이 부끄럽기만 했습니다. 그래서 속으로 다짐했었습니다.

‘아들놈 사랑한다. 내년은 양력 음력 ‘따블’로 네 생일 선물해줄게.’

그 후, 꼭 1년이 됐습니다. 오늘이 아들놈 생일입니다. 아침 일찍 축하 전화 한 통 해주기로 마음먹고 있었는데, 새벽 6시 반에 전화벨이 울렸습니다. 아들놈이었습니다. 역시 ‘낳아 주시고 길러 주셔서 감사하다.’는 -

한국보다 1시간 늦은 나라라 그곳 시간은 진짜 새벽인데, 생일이라고 일찍 일어나 전화를 했나 봅니다. 덕분에 올해도 아들놈한테 한 수 빼앗긴 기분이 듭니다. 하지만 반듯하게 자라고 있는 것같아 마음 한편엔 뿌듯한 생각이 듭니다. 오늘 아침은 아들놈을 향해 ‘생일 축하한다’고 큰소리 쳐주고 싶어집니다.

지금 '의지처'는 어디인가요?

출근길 전철에서 있었던 일입니다.

전철이 역에 설 때마다 많은 사람들이 밀려들어 실내는 금방 인산인해를 이루었습니다. 손잡이를 붙잡고 있어도 내 의지와는 상관없이 사람들에게 밀려 이리저리 움직이던 중 누가 바짓가랑이를 붙잡고 늘어지는 것이었습니다. 그것도 얼마나 집요하게 잡고 있는지 신경이 많이 쓰였습니다. 승객이 너무 많아 그러려니 하고 참았습니다. 그 복잡하던 전철도 몇 군데 환승역을 지나자 숨통이 트이면서 바짓가랑이를 붙잡고 있는 이의 모습이 눈에 들어왔습니다. 놀랍게도 그 사람은 유치원생쯤 돼 보이는 어린아이였습니다. 순간 아이와 내 눈이 마주쳤습니다.

그런데 갑자기 아이 얼굴이 노랗게 질리는 듯싶더니 눈을 커다랗게 뜨면서 '와 – 앙' 하고 우는 것이었습니다. 아이의 표정을 보면서 난 금세 상황 판단이 됐습니다. 복잡한 전철 안에서 아버지 바지춤을 잡고 있다가 그만 그것을 놓치고 엉겁결에 다시 잡은 것이 내 바짓가랑이였었던 것입니다. 아이가 고개를 이리저리 돌리며 아버지를 찾았고 그 아버지 역시 아들의 울음소리에 반사적으로 몸을 움직여 부자(父子)는 다시 한 몸이 됐습니다. 그때까지도 아이의 눈엔 눈물이 그렁그렁해 있었지만 입가에는 다시 미소가 번지고 있었습니다.

만원 전철 안에서 그렇게 힘주어 잡고 의지했던 다리가 자기 아빠 것이 아니었다는 이유 하나로 이 아인 당황했고 그만 울음까지 터뜨렸던 것입니다. 우리들도 살아가면서 의지처가 사라져 버릴 때 이 아이처럼 당황하게 됩니다. 그것이 부모님이 됐든 혹은 재산과 명예가 됐든 말입니다. 지금 그대는 누구를 의지하며 살고 있는지 묻고 싶습니다.

겨울 나들이의 백미 — '탐조여행'

겨울여행 하면 눈꽃 만발한 산야나, 얼음축제(스키장) 혹은 따스함이 넘쳐나는 온천을 연상하는 이들이 많을 것입니다. 물론 겨울 여행지로 손꼽을 만합니다. 그러나 한발 더 나아가 생각해 본다면 '탐조여행'을 추천하고 싶습니다. 탐조(探鳥)여행은 말 그대로 새를 관찰하러 가는 것입니다. 굳이 새를 보러 여행까지 갈 것이 있느냐고 반문하는 이들도 있겠지만 이는 현장을 잘 모르고 하는 말입니다. 새 구경은 한두 마리 보러 가는 것이 아니기 때문입니다.

월동(越冬)을 위해 떼 지어 온 철새들의 모습, 그 중에서도 저녁나절 이들이 펼쳐대는 군무(群舞)는 보는 이들의 입을 쩍 벌어지게 합니다.

'끼룩 끼룩'

'꾸 – 욱 꾸 – 욱'

형용하기 힘든 울음소리를 내며 물을 박차고 하늘로 날아오르는 철새들의 모습을 보고 있자면 한겨울 추위도 금세 잊게 됩니다.

탐조 여행의 묘미가 바로 여기에 있습니다.

지난 일요일, 친척들과 함께 서산 천수만 일대로 탐조여행을 다녀왔습니다. 날씨도 화창했고 추위도 잠시 멈춘 듯한 이날, 평생 보아 온 수많은 새들보다 훨씬 많은 새를 한자리서 보게 됐습니다. 들판 가득 앉아 모이를 쪼던 철새 떼들이 인적에 놀라 날아오르면 그 넓은 하늘이 마당만큼 좁아지는 느낌이 듭니다. '와-' 하는 감탄사가 철새 꼬리를 뒤쫓고 카메라 셔터 소리가 뒤섞여 들립니다.

이날 천수만 넓은 들판에서는 뜻밖의 진객도 보았습니다. 노루인지 고라닌지는 잘 모르겠습니다만 들판 한구석에서 뛰어나온 산짐승이 이리저리 뛰어다니는 게 정말 신기 그 자체였습니다. 저도 철새가 궁금해서 나왔는지 모릅니다만 우리에겐 진객임이 틀림없었습니다.

서산 천수만 외에도 군산 금강하구연, 철원 민통선지구, 주남저수지, 낙동강 하류에 있는 을숙도 등도 철새 도래지로 유명하답니다. 언제 시간 내서 한번 둘러보는 것도 색다른 경험이 될 것입니다. 오는 길에 둘러본 서산 간척지와 간월암, 안면도 꽃지해수욕장 등도 정말 볼만했습니다.

연애 훔쳐보기

우리 사무실에는 스물다섯과 스물여섯인 총각 두 명이 있습니다. 친척뻘이기도 한 이 둘은 한 살 터울이라선지 만나기만 하면 사사건건 부딪치고 으르렁대는 게 꼭 견원지간(犬猿之間) 같아 보입니다. 그러나 힘든 일이 생기면 언제 그랬냐는 듯 우애를 과시하기도 합니다. 공교롭게도 이 둘이 요즘 비슷한 시기에 연애를 시작했습니다. 큰 총각은 소개팅에서 부산 여자를 만나 사귀게 됐는데, 그 덕에 주말마다 팔자에 없는 긴 여행을 하기도 했습니다. 하지만 만난 지 1백 일도 채우지 못하고 여친한테 이별 통보를 받아 풀이 죽어 지냅니다.

반면 작은 총각은 사무실 근처 미장원 아가씨를 좋아하게 됐는데, 아직 전화번호도 받지 못한 채 '생쥐 풀방구리 드나들듯' 미장원을 찾아갑니다. 주변 친구들까지 다 동원해 가면서 머리를 깎게 하고 그 미장원 골목을 지날 때는 잠시 차를 세워 아가씨 얼굴이라도 한번 봐야 직성이 풀리는 짝사랑에 중독돼 버렸습니다.

이 핑계 저 핑계 대며 수시로 미장원을 찾지만 정작 좋아하는 여자 이름도 모르고 전화번호도 모르며 지내오고 있습니다. 이젠 더 이상 핑계 거리가 없자 샴푸를 사러 미장원에 갑니다. 벌써 몇 개째 사왔는지 모릅니다. 1개에 만 원씩이나 하는 샴푸를 자꾸 사 들이는 바람에 사무실 사람들은 이제 그 미장원표(?) 샴푸 한두 개 씩은 다 가지고 있게 됐습니다. 나 역시 만 원을 투자한 것은 물론입니다.

어저께는 드디어 그 여자 이름을 알았다며 종일 내내 호들갑이었습니다. 그렇게 예쁜 이름은 처음이라는 것입니다. 흔해 빠진 이름인 데도 말입니다. 눈에 콩깍지가 쓰인 것이 분명합니다. 하지만 아직도 그 여자 핸드폰 번호는 모른다는 것입니다. 물어볼 때마다 '피식' 웃기만 해 애가 더 탄다는 말을 듣다 보면 오히려 내 가슴이 답답해집니다.

짝사랑, 그래서 더 애처롭고 애타는지 모릅니다. 하지만 그리움과 보고픔, 사랑하는 마음이 어디 연애뿐일까요.

특별한 우리 식구(?)랍니다

우리 사무실에 특별한 식구가 들어왔습니다. 어제 아침 첫 만남에서 난 그 눈을 보곤 반해 버렸습니다. 그건 사람의 눈이 아니었습니다. 흰 눈동자에 파란빛이 도는-. '아-세상에 이렇게 예쁜 눈도 다 있네' 이날 아침은 정말 기분 좋은 만남에 흥분을 감출 수가 없었습니다. 그런데 인물값을 하느라고 그러는지 사무실 내에서는 천방지축 그 자체였습니다. 남의 책상위에 함부로 걸터앉지를 않나 마시던 우유 컵에 입을 가져가기도 하고-.

심지어는 총각 허벅지에 손이 올라가기도 합니다. 얄미운 행동에 눈치라도 주면 금세 우는 소리를 하며 구석에 가 쪼그리고 있으면 또 미안한 생각이 듭니다. 식성도 까다로워 밥 대신 인스턴트 음식만 먹고 햄에 소시지, 생선은 또 유별나게 좋아합니다. 사무실 직원들 모두가 '제제'라 부르는 이 새 식구 성은 '꼬'씨랍니다. 꼬제제-.

우리 사무실 새 식구가 된 고양이 꼬제제는 앙골라종으로 명품

종이랍니다. 고양이 세계의 양반족이라고나 할까요. 그런데 첫날부터 하고 다니는 짓은 꼭 도둑고양이 후손입니다. 사무실 구석구석 안 가는 곳이 없어 늘 먼지투성인 이 녀석인지라 항상 '꼬제제'한 몰골이어서 이름도 그렇게 부른답니다. 낯가림도 안 하고 혼자서도 잘 노는 우리 사무실 새 식구 정말 귀여워 죽겠습니다.

교회 안에서 특별한 식구는 어떤 이인지-. 그 식구에 대한 관심은 우리 모두의 몫이 아닐까요. 사무실 새 식구를 보면 더 그런 생각이 듭니다.

'빨리 청계천 광장에 가 보세요'

지난해 새롭게 정비돼 모습을 드러낸 청계천이 이젠 서울뿐만 아니라 세계적인 명소로 거듭나고 있다는 것은 이미 잘 알려진 사실입니다. 주말은 물론 평일에도 이곳을 찾는 사람이 적지 않은데 연말연시를 앞두고 '사랑의 불' 36만 개를 밝혀 놓아 청계천 일대가 불야성을 이루고 있답니다.

서울광장에서부터 시작되는 '빛'은 청계천에서 그 정점을 이루는데 자그마치 길이가 7백여 미터에 높이 17m짜리 빛의 조형물(청계광장서 광교까지)이 설치돼 오색찬란한 불빛을 밝히고 있답니다. 지난 15일부터 빛을 밝히기 시작한 이 축제의 이름은 '서울 루체비스타'랍니다. 루체비스타는 이탈리아어로 '빛의 풍경'이란 뜻이랍니다. '루체(Luce·빛)'와 '비스타(Vista·풍경)'의 합성어인데 1~2회까지는 '루미나리에'란 이름으로 열렸으나 올해부터 '루체비스타(lucevista)'로 바뀌게 됐다고 합니다. 이 빛의 축제는 16세기 이탈리아에서 성인(聖人)을 기리는 행사에서 비롯됐다니 그 역사도 참

길다는 생각이 듭니다.

그렇잖아도 마음이 심란한 연말. 기분 전환할 마땅한 핑계가 없다면 청계천으로 가 보길 권합니다. 주변 백화점 트리와 연계해 청계천 빛의 축제를 보고 나면 뭔가 달라질 것입니다. 다가올 새해에 대한 기대 같은 거 말입니다. 시설물을 이탈리아 기술자들이 직접 와서 설치하는 것을 보았는데 공작새와 크리스마스트리를 연상시키는 거대한 조형물이 천변(川邊)을 병풍처럼 둘러싸고 있는 모습이 단순히 불 밝히는 전구가 아닌 예술품을 보는 그런 느낌이 들었습니다.

지상의 불빛도 환상적이지만 청계천 물 위에 비치는 불빛은 더 화려합니다. 용궁이 있다면 그런 모습이 아닐까 할 정도로 말입니다. 바깥 날씨는 춥지만 한번 가서 보고 나면 절대 후회하지 않을 겁니다. 가족이나 애인, 없으면 혼자라도 꼭 한번 다녀오기 바랍니다. 특히 이번 불빛 축제의 테마가 '희망의 빛'이라니까 더 가 볼 가치가 있는 거 아닙니까. 가서 보고 스스로도 불빛이 되어 어두운 세상 밝히는 아름다운 이가 되길 바랍니다.

연애시절 이야기

연애시절 이야기입니다.

외삼촌의 소개로 교회 아가씨를 만나게 됐습니다. 장난처럼 만났지만 밝은 성격이 맘에 들었고 두세 번 만나다 보니 '끌림'이 생겼습니다. 나보다 한 살 더 많은 아가씨라 그해가 가기 전 약혼식을 갖기로 하고 교제의 시간을 갖게 됐습니다.

한번은 가까운 바닷가로 데이트를 나갔습니다. 때가 늦가을인지라 출발하기 전 옷을 단단히 입고 나오라는 언질도 빼놓지 않았습니다. 당시만 해도 총각들은 청색 양복에 빨강 넥타이를 하는 게 유행이었습니다. 나 역시 들은풍월은 있어 그 모습 그대로 꾸미고 데이트에 나갔습니다.

바닷가 바람은 뭍보다 더 차가웠습니다. 해변을 걷는 아베크족들 대부분은 찬바람 탓인지 윗도리를 벗어 여자들 어깨에 걸쳐 주고 있었습니다. 주변을 둘러보던 내 짝이 입을 열었습니다. '다른 남자들은 여자에게 옷을 벗어 주는데 석현 씨는 왜 그냥 있어요.' 그때까지도 난 윗도리를 벗어 줄 생각을 전혀 하지 않고 있었습니다.

반면 이 말을 듣는 순간 나도 모르게 이런 말이 튀어 나왔습니다.

'그러니께 내가 미리 옷을 단단히 차려 입고 나오라고 했잖유.'

지금도 그 여자와 같이 살고 있지만 그래도 그때 일만 생각하면 쑥스럽기 한이 없습니다. 연애시절, 남들은 하늘의 별이라도 따다 달라면 그 시늉을 해 댄다는데 난 겉옷 벗어 줄 생각은커녕 옷을 단단히 챙겨 입고 나오지 않았다며 나무랐으니-. 그렇게 무뚝뚝 했던 내가 그 여자와 아직까지 살고 있는 걸 보면 스스로도 신기 하기만 합니다.

오늘은 크리스마스입니다.

그 기원이야 어떻든 주변에 있는 이들에게 사랑한다는 말 한마 디라도 건넬 수 있는 그런 날이 됐으면 합니다. 날씨보다 사람을 더 춥게 하는 것이 '사랑 고픈 것'이라는 거 오늘만큼은 꼭 기억했 으면 합니다.

교회 앞 느티나무

어떤 이는 5백 년은 넘었을 것이라고 하고, 다른 이는 3 - 4백 살은 먹었을 것이라고 확신합니다. 다만 한 가지 확실한 것은 내 고향 교회가 세워지기 훨씬 이전부터 이 나무는 그 자리에 서 있었다는 것입니다. 교회 앞 거목인 느티나무 말입니다.

과거 이 나무는 유, 소년들의 놀이기구였었고 어른들에게는 시원한 그늘을 드리워 주는 참 고마운 나무였습니다. 여름이면 나무 그늘 아래서 과정공부를 했고 찬양연습을 하기도 했었습니다. 그러나 언제부터인가 이 나무에 대한 고마움과 추억도 사라지기 시작했습니다. 아니 안식일과 화요일 기도회 때마다 그 앞을 지나다니지만 그 나무를 제대로 지켜본 기억이 없을 정도입니다.

우리는 자신도 모르는 사이에 이 나무를 잊어버린 것 같습니다.

나무는 여전히 그 자리에 서 있는데도 말입니다. 우리의 정서와 사랑이 그토록 메말라진 것은 아닌지 은근히 걱정이 되기도 합니다. 교회에 에어컨이 설치되고 각종 편의 시설이 들어서면서 더 이상 나무 그늘이 필요 없어진 것도 원인이겠지만 그보다는 교회에 머물러 있는 시간이 점점 짧아져 주변을 살펴볼 기회가 줄어든 우리네 삶에서 더 큰 이유를 발견하게 됩니다.

오늘, 고향 교회의 자랑거리인 수백 년 된 느티나무를 보면서 나무는 우리가 이 땅에 태어나기 훨씬 이전부터 거기 서서 우리를 반기고 있었지만 우리 눈과 마음이 그 나무를 멀리 떠나보내지나 않았는지 많이 생각해 보았습니다. 예수님도 아마 우리 곁에 느티나무처럼 그렇게 서 계실 것입니다. 우리 눈에 보이든 보이지 않든 말입니다. 그러나 우린 여전히 엉뚱한 곳에서 예수님을 찾지나 않았는지요. 예수님은 오늘도 우리 바로 곁에 계십니다. 편안한 그늘과 풍성한 열매를 한 아름 지니고 계신 채 말입니다. 그분을 평안히 맞아 드리는 것은 이제 여러분과 내 몫입니다.

특별했던 'MT'

12월 첫 일요일, 사무실 직원들과 MT를 다녀왔습니다.

강원도 양구 쪽에서 모임 후, '떡 본 김에 제사 지낸다'고 몇몇 곳을 둘러보고 왔습니다. 이 중 가장 인상이 남은 곳이 있었는데 바로 두타연 계곡이었습니다. 이 계곡은 민간인 출입통제선 북방인 방산면 건솔리 수입천의 지류에 있는데, 출입 이틀 전에 신청을 해야 들어갈 수 있는 곳이기도 합니다. 군인이 지키고 있는 출입문을 열고 허가받은 인원과 차량만 운행하는 까닭에 묘한 긴장감이 넘치는 그런 곳이기도 합니다.

높이 10m의 계곡물이 떨어지는 폭포 아래 형성된 두타연은 20m의 바위가 병풍을 두른 듯 서 있고 바로 옆에는 길이 10미터가 넘는 커다란 동굴이 있어 신비감을 더해 줍니다. 오염되지 않은 물에는 천연기념물인 열목어가 유유히 헤엄치는 모습이 얼음장 사이로 비치고, 바위산에서는 역시 천연기념물인 산양도 보게 돼 정말 횡재 아닌 횡재를 하기도 했습니다.

올해 마지막 관광객으로 두타연을 둘러보게 된 것도 여간한 행운이 아니었는데, 열목어와 산양까지 보게 돼 기분이 정말 좋았습니다. 내년 3월이나 돼야 다시 개방될 이곳에서 사진도 찍고 눈도장 발도장도 많이 남기고 왔습니다. 내 나라 땅이면서도 내 맘대로 가지 못하는 아이러니, 하지만 그곳에서 곱게 숨겨진 계곡과 연못을 보면서 '주 하나님 지으신 모든 세계'에 대한 찬탄이 나왔습니다. 천국의 아름다움은 어떨까 하는—

이날 내친김에 우리 일행은 제4 땅굴과 을지전망대, 그리고 평화의 댐까지 둘러보고 돌아왔습니다. 깜박 잊고 살기 십상인 군인들의 세계, 긴장과 슬픔이 녹아내리는 휴전선 일대는 우리의 삶에서 결코 멀지 않은 동시대의 모습이지만 간혹 까마득하게 먼 곳으로 착각하고 살기도 합니다.

우리의 최고 소망인 하늘나라도 그곳에 가야 한다는 집착만 있지 실제로의 노력은 간과하고 있는 것은 아닌지—. 다시 한 번 생각해 볼 수 있는 그런 계기가 됐으면 합니다. 이번 MT는 이런 면에서 느낀 바가 컸습니다.

새해는 목욕탕 다녀오는 심정으로 —

오늘 아침 일찍 목욕탕엘 다녀왔습니다.

객지에서 살다 보니 일요일 아침은 꼭 목욕탕을 다녀오는 것으로 시작합니다. 내가 이용하는 목욕탕 주변은 아파트보다 상가가 많은 탓에 일요일은 참 한산한 편입니다. 그런데 오늘 아침은 깜짝 놀랐습니다. 인근 사람들이 다 목욕탕에 모인 것 같았기 때문입니다. 웬일인가 싶다가 금방 그 이유를 알 것 같았습니다. 오늘이 올해 마지막 날이기 때문입니다.

아직도 우리에겐 한 해 마지막 날 '때'를 벗겨 내고 깨끗한 몸과 마음으로 새해를 맞으려는 그런 관습이 남아 있나 봅니다. 나쁜 일과 기억하기 싫은 것들도 때를 밀어 버리듯 다 버리려는 그런 풍습 때문에 목욕탕이 그렇게 붐볐나 봅니다.

나 역시 오늘은 그 많은 사람들 틈에서 살갗이 벌게지도록 최선을(?) 다해 밀고 또 밀었습니다. 세월 대신 때를 보내려는 듯이 말입니다. 마음속으론 모든 죄악의 찌꺼기까지 다 떨어져 나가길 바랐습니다만-. 그런데 참 이상한 것은 사흘 혹은 일주일 만에 목욕탕을 찾지만 때가 항상 나온다는 것입니다. 먼지 피울 일 없는 사무실에서만 일하고 목욕탕을 가는데도 때는 여전합니다.

또 하나는 비누로 깨끗이 씻은 얼굴만 닦는 수건도 며칠만 쓰면 더러워진다는 것입니다. 깨끗이 씻은 얼굴만 닦는 데 사용하는데도 말입니다. 참 알 수 없는 일입니다. 우리의 몸이 이럴진대 그 마음이라고 다를까요. 아침에 하루 잘 살아 보겠다고 다짐하지만 자기 전 가만히 생각해 보면 '선'보다는 '악'의 그을음을 더 많이 묻히고 산 걸 느끼게 됩니다. 몸이야 목욕탕에 가 이태리타월로 박박 문질러 닦으면 된다지만 마음은요???

오늘 아침 목욕탕을 다녀오면서 다졌던 각오가 새해를 맞는 내 마음이랍니다. 가는 세월 잡을 수 없고, 오는 세월 막을 수 없다는 거 잘 알기에 새해부턴 목욕탕 다녀오는 그 기분을 잃지 않도록 살 겁니다.

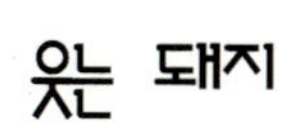

웃는 돼지

서울 탑골공원 뒤 낙원상가 골목에는 돼지머리를 파는 상가가 즐비합니다.

이곳에는 고사(제사)용 돼지머리를 비롯해 돼지족발과 순대, 심지어 돼지 껍데기까지 없는 게 없습니다. 이 때문에 이곳은 항상 비릿한 냄새가 진동해 비위 약한 행인은 코를 가리고 종종 걸음으로 골목을 빠져나가기도 합니다.

그런데 놀라운 것은 이곳 상점에 진열돼 있는 돼지머리는 하나같이 웃고 있다는 것입니다.

몸통이 잘려 나가 흉물스런 돼지머리가 웃고 있는 모습은 사뭇 엽기적입니다. 하지만 얼굴이 말끔히 면도된 채 웃고 있는 돼지 얼굴을 보노라면 분위기에 걸맞지 않게 이를 쳐다보는 이도 그냥 웃음이 흘러나옵니다. 죽은 돼지한테는 미안하지만 그 웃는 모습이 그만 다른 이도 웃게 한다는 겁니다.

과연 이 돼지는 웃다가 죽은 것일까요. 이 길을 지나다니면서 궁금해 죽을 뻔하다가 그예 한 가게 주인한테 그 이유를 물어보았습니다. ―왜 돼지들이 웃느냐고요. 주인은 답 대신 돼지처럼 웃기만 했습니다. 나도 그냥 웃고 말았습니다. 그 후 또다시 그 길을 지나다가 물어보았습니다. 그러자 주인이 퉁명스럽게 말합니다. 고사 지내는 이들이 웃는 돼지를 원하기 때문에 그렇게 만든다는 것입니다. 죽은 돼지 머리를 잘라 털을 태우고 물에 푹 풀린 다음 면도를 한 뒤 입과 눈 꼬리를 올려 웃는 모양새를 만든다는 것입니다.

살아 있는 돼지 얼굴이라도 실상은 별로 보고 싶지 않을 만큼 못난 편인데, 죽은 돼지 얼굴이 찡그리고 있으면 제상에 올리기가 꺼림칙하다는 겁니다. 그래서 한 상인이 억지로 웃는 모습을 만들어 놓으니 그 뒤부터는 웃는 돼지 얼굴만 찾아 이젠 모든 돼지머리가 웃는 모습을 하고 있게 됐다는 것입니다.

올해는 복 돼지해를 넘어 6백 년 만에 찾아온 황금돼지 해라고 합니다. 하지만 아무리 황금돼지라 해도 그 얼굴이 찌그러져 있거나 근심이 넘쳐흐르면 누구라도 싫어할 것입니다. 돼지 얼굴도 얼굴이라고 웃는 것을 찾는 세상인데 하물며 인간의 얼굴이 늘 찌그러져 있으면 되겠습니까.

웃는 돼지 아니 웃는 사람. 그 사람이 우리가 되는 그런 한 해가 되도록 합시다. 여러분 사랑합니다. 화―이―팅―

조카의 '굴욕'

올해 초딩 4학년인 '갑민'이는 내 조카랍니다.

또랑또랑한 눈망울에 하얀 피부가 꼭 기집애라고 해도 좋을 만큼한 그런 녀석입니다. 집안에 큰 일이 있어 형제들이 고향집에 모이면 큰아빠하고만 자겠다면서 베개를 들고 나를 찾아오는 녀석인지라 아들만큼이나 사랑스럽습니다. 하지만 이 녀석에게도 굴욕적인(?) 사건이 하나 있습니다.

초딩 2학년 때 일이랍니다.

아빠와 함께 목욕탕엘 갔었는데 마침 먼저 온 손님 중에 또래 정도 돼 보이는 아이가 있었답니다. 아무하고나 잘 어울리는 녀석이 먼저 가서 입을 열었습니다.

'형아. 난 2학년인데 형은 몇 학년이야?'

옆에 있던 동생이 보니 아들이 덩치가 큰 녀석에게 다가가 말을 거는 것 같았는데 잠시 뒤 녀석이 낭패한 표정을 짓더라는 겁니다.

'난 1학년인데-.'

상대방 아이가 말끝을 흐리면서 1학년 소리를 하자 녀석의 표정이 완전히 바뀌더라는 것입니다. 저보다 덩치가 크다고 학년까지 높은 줄로 착각했던 것입니다. 한마디로 조카 녀석의 '굴욕'이었던 것입니다. 그랬던 녀석이 겨울방학을 맞아 어제 내 사무실 근처 스케이트장에서 썰매를 타다 사무실까지 놀러 왔습니다. 얼음판에서 엉덩방아를 얼마나 많이 찌었는지 아랫도리가 다 젖어 있었습니다. 그런데도 좋아 죽겠다는 표정입니다.

녀석의 입이 크게 벌어진 이유 중 하나는 얼음판에서 만난 또래 때문입니다. 조카보다 훨씬 덩치가 큰 애였는데 전과 같지 않게 다가가 하는 말이 '몇 학년이야' 하더라는 겁니다. 공대(恭待)도 하대(下待)도 아닌 어정쩡한 말로 말입니다. 잠시 뒤 상대편 아이가 4학년이라고 대답하자 '나도 4학년인데-' 하면서 금세 친구가 되더랍니다. 먼저 같았으면 '형아-. 난 4학년인데 형아는 몇 학년이야' 라고 물었어야 했는데 말입니다.

나이 한두 살 더 먹는다는 게 그냥 먹는 것은 아닌가 봅니다. 조카만 봐도 알 수가 있습니다. 하물며 어른이 돼 가지고 나이 한두 살 더 먹으면 그 값도 더 해야겠지요.

내가 만든 '샐러드'

　아내의 음식 솜씨 중 으뜸을 치는 것이 있다면 '잡채'와 '고추장 찌개'입니다.

　이 중 잡채 맛은 처음으로 '결혼 잘했다'는 생각을 할 만큼 내 입맛에 딱이었습니다. 아내의 잡채를 먹은 뒤부터는 지금까지도 웬만한 곳에서는 절대로 잡채를 먹지 않습니다. 아직 아내 솜씨보다 더한 맛을 보지 못했기 때문입니다.

　지금은 외국에 나가 있어 그 맛을 보기 힘들지만 입맛이 없을 땐 아내보다 잡채 생각이 더 납니다. 며칠 전입니다. 주로 매식을 하는 까닭에 좀처럼 음식을 하지 않지만 갑자기 샐러드(사라다)가 먹고 싶었습니다. 따로 사 먹기도 그런 음식이라 궁리 끝에 한번 만들어 먹기로 작심했습니다. 가까운 마트에 가서 양상추와 단감, 그리고 사과와 귤을 사고 드레싱도 한 병 사왔습니다.

　과일은 깎아 썰고, 양상추는 손으로 뜯어 몇 번씩 씻었습니다. 그리곤 드레싱을 넣고 잘 섞은 뒤 먹어 봤습니다. 맛은 있었지만 뭔가 허전한 느낌이 들어 내용물을 살펴보니 땅콩과 건포도가 빠져 있었습니다. 바로 달려 나가 두 가지를 한 봉지씩 사와 넣고 다시 버무린 뒤 맛을 보니 정말 샐러드 맛이 났습니다. 이것도 요리라고 싱크대와 탁자주변은 난리 법석이었지만 모처럼 입에 맞는 음식을 먹고 나니 살 것 같았습니다.

다음번엔 비스킷까지 얹어 놓고 더 멋진 샐러드를 만들어 볼 참입니다. 아내가 오면 그땐 내가 자습해서 익힌 샐러드 솜씨도 보여 줄 참입니다. 잡채 못지않은 음식을 개발(?)했다고 자랑하면서 말입니다. 샐러드를 만들면서 느낀 것도 있었습니다. 샐러드 만드는 데 땅콩과 건포도가 빠지자 정말 허전했다는 것입니다. 우리 삶에서도 꼭 빠지지 말아야 할 것이 있습니다. 가족이 그렇고 친구가 그렇습니다. 하지만 더 귀한 것은 주님을 내 안에 넣고 '믹싱'하는 것입니다. 그래야 인생도 단맛이 더해질 것입니다.

샐러드, 오늘은 여러분도 한번 만들어 드셔 보시면 어떨까요.

'유언장'을 쓰며 ─

　내 아이가 초등학교 3-4학년 때부터 새해를 맞으면 유언장을 쓰는 버릇이 생겼습니다. 지난해 쓴 유언장을 개봉해 다시 읽어 보고 폐기한 뒤 새 유언장을 써 이를 잘 봉해 두는 것입니다. 처음에 유언장을 쓸 때는 얼마나 섧게 울었는지 모릅니다. 눈물 콧물이 범벅돼 종이가 다 젖어 몇 번이나 다시 쓰곤 했었습니다. 지금 생각하면 뭐가 그리도 서럽고 억울하고 괘씸한 것들이 많았는지─. 이젠 눈물 대신 오히려 담담해지는 느낌이 더 큽니다. 당장 죽는다 해도 큰 미련이 없을 만큼 말입니다.

　'사랑하는 부모님─. 이렇게 훌쩍 먼저 떠나서 정말 죄송합니다'로 시작된 유언장은 '여보, 사랑과 웃음만 남기고 가고 싶었는데─. 고통과 슬픔을 통째로 남기고 가서 미안해'로 이어집니다. 그런데 이 대목쯤 읽다 보면 그만 굵은 눈물방울이 그예 종이를 적시고 맙니다. 또 아들에게 남긴 '후레자식(애비 없는 자식) 소리 듣지 않도록 살아라. 엄마 말씀 잘 듣고─' 이쯤 해서는 내 설움에 북받쳐 나도 모르게 통곡도 많이 했었습니다.

재산을 많이 남기지도 그렇다고 믿음을 확고히 심어 주지도 못한 채 먼저 훌쩍 떠난다고 생각하니 만감이 교차해 그렇게 울었던 것입니다. 죽음을 앞둔 사람이 가장 진실한 본심으로 돌아간다고 합니다. 유언장은 생을 마감하는 마음으로 쓰는 글입니다. 이때는 정말 본심으로 돌아가는 심정이 듭니다.

정해년 새해를 맞은 만큼 우리 모두 본심으로 돌아가 내 과거와 미래를 조망해 보는 방법으로 유언장을 써 보는 것도 꽤 괜찮을 것으로 생각합니다. 미리 써 놓은 다른 이의 유언장은 어떨까요. 한번 보고 싶어집니다.

운전 중 '대략난감'에 빠졌을 때—

운전하다 보면 '대략난감'에 빠질 경우가 종종 있습니다.

주행 중의 펑크.

기름 앵꼬(?)

앞차 추돌.

이 중 사고 같지 않은 사고가 바로 자동차 키를 꼽아 둔 채 문을 잠가 버렸을 때일 것입니다. 차에서 내리면서 '아차' 하는 순간 이미 문이 닫혀버려 발을 동동 구른 경험이 없는 이는 아직 초보(?)가 아닐까요.

나 역시 두어 번 그런 일을 겪은 적이 있습니다. 한번은 고속도로 휴게소에 진입하는데 마침 전화가 오는 겁니다. 엉겁결에 전화를 받으며 내리다가 그만 키를 꼽아 둔 채 문을 닫고 말았습니다. '아차' 하는 순간 문은 닫히고 혼자서 '쓰벌'(?) 소리만 외쳤습니다. 이를 어쩐다 하고 잔머리를 굴리던 중 순간 생각난 것이 휴게소 안내소. 거기 가면 뭔가 답이 나올 것 같았습니다.

머쓱한 표정으로 찾아가 '여차저차' 사정 이야기를 했더니 아가 씨가 한 관리인을 찾았습니다. 얼마 뒤 나타난 관리인 손에는 기다란 쇠 잣대가 들려 있었습니다. 그리곤 차에 가서 운전대 창문 틈에 쑤셔 넣고 끄덕거리기를 몇 번. 금세 차 문고리가 올라왔습니다.

휴게소에는 문 잠금 현상이 자주 일어나 아예 특별 주문한 차 문 여는 기구를 준비해 두고 있다는 설명도 이날 들었습니다. 급히 가서 음료수 한 병 사다 드렸더니 절대 받지도 않습니다. 또 한번은 볼일 차 관공서에 들렀는데 거기서도 깜박하고 문을 잠가 버렸습니다. 물론 내 손에는 아무것도(?) 없었습니다.

보험회사에 전화하면 되겠지만 시간도 없고 그래서 다시 잔머리를 굴렸습니다. 이처럼 차가 많은 곳에는 으레 문 따는 도구 한두 개쯤은 갖추고 있다는 그런 생각에ㅡ. 이번엔 도구만 빌려 줘 직접 시도했습니다. 지난번 문 따는 것을 본 경험이 있어 그대로 흉내 내 이리저리 쑤셔 대다 보니 정말 문이 열렸습니다.

인터넷상에 잠긴 자동차 문 여는 방법이 나오기도 했지만 그런 건 어디 남의 일 같지, 내게 일어날 일이라고는 생각이나 하겠습니까. 세상 살다 보면 정말 대략 난감한 상황에 빠질 때가 한두 번이 아닙니다. 그런 때 마음을 차분히 가라앉히고 주님께 간절히 아뢰면 의외로 쉽게 풀립니다. 기도는 우리들이 '대략난감'에 빠졌을 때 꼭 필요한 도구라는 거ㅡ. 꼭 말해 보고 싶었습니다.

등대지기 같은 마음으로_

'얼어붙은 달그림자 물결 위에 차고
한겨울의 거센 파도 모으는 작은 섬
생각하라 저 등대를 지키는 사람의
거룩하고 아름다운 사랑의 마음을'

남녀노소 누구나 즐겨 부르는 등대지기 노래 가사입니다. 등대의 정식 표현은 '항로표지관리소'이고 등대지기는 '관리사'라고 해야 맞습니다. 하지만 많은 이들은 등대지기라는 표현으로 만족해하는 것 같습니다. 정겨움과 쓸쓸함이 배어 있는 등대지기가 마음에 와 닿아서인가 봅니다.

등대지기는 정말 외롭습니다. 아무도 찾아오지 않는 외딴 곳에서 두어 달에 한 번씩 실어다 주는 보급품으로 생활하는 이들이라 더 그렇습니다. 그러나 이들은 아무 말 없이 나 아닌 다른 이들을 위해 불을 밝히고 안개 짙은 날은 소리를 내 주며 살아갑니다.

등대지기가 자신이 맡은 직분을 소홀히 하면 아무리 큰 배라도 안전을 장담할 수 없습니다. 그러기 때문에 이들은 밤을 낮같이 밝히며 배들의 안전항해를 도와줍니다. 이들의 사명은 불을 밝히고 꺼뜨리지 않는 것입니다. 한 소설가는 자신의 책에서 '연탄재 함부로 발로 차지마라. 너는 누구에게 한 번이라도 뜨거운 사람이었느냐'는 글을 남긴 적이 있습니다.

불 꺼진 연탄재는 아무 쓸모가 없습니다. 그럼에도 불구하고 연탄재를 소중히 여기는 까닭은 그 연탄재가 한때는 자신을 태워 남을 따뜻하게 해 주었기 때문입니다. 양초불도 마찬가지일 것입니다. 등대지기에게 감사하고 불 꺼진 연탄재가 고마운 것은 자신이 아닌 남을 위해 희생하기 때문입니다. 우리의 삶이 지쳐 쓰러질 때마다 우리를 일으켜 세워 주는 것은 나 스스로가 아니라 그리스도의 끝없는 사랑을 통해서입니다.

새해 새 결심 -. 많은 것들이 있고 의욕적으로 추진하고 있겠지만 남을 위해 밝은 빛이 되어 주고 남을 위해 따스한 불이 되겠다는 결심하나 추가하면 어떨까요. 그게 곧 예수님을 닮아 가는 진정한 모습일 테니까요. 험한 세상 밝히는 등대지기 -. 그 사람이 바로 나고, 님이라면 어떨까요.

그 시간, 깨어 있는 이들

당일치기로 부산 출장을 갔다가 일정이 늦어져 처음으로 심야우등 고속버스를 타고 상경하게 됐습니다. 밤 11시 버스였는데 승객이 9명뿐이었습니다. 요금은 낮 시간대에 비해 비싼 3만 2천 5백원. 그런데 이 버스가 고속도로에 진입하자마자 얼마나 무섭게 달리는지 서울 강남터미널까지 4시간 10분밖에 걸리지 않았습니다. 정말 말 그대로 고속버스(?)였습니다.

낮 시간대, 특히 토요일이나 일요일 공휴일에는 도착하는 시간이 소요시간일 만큼 개념 없는 고속버스인데, 평일 한밤중에는 날아가는 버스였습니다. 덕분에 전철과 시내버스도 운행하지 않는 어정쩡한 새벽 서너 시경에 도착해 참 난감했습니다. 살아 있는 거라고는 택시밖에 없는 것처럼 보였으니까 말입니다.

의정부까지 가야 하는데 택시 요금은 엄청나고-. 그래서 한두 시간 때우기 좋은 쉴 곳을 물색해 보기로 했습니다. 우선 떠오른 곳이 찜질방. 그러나 평소 가 보지 않은 곳을 선택하고 싶었습니다. 비디오방 만화방 피시방 여기에다 24시간 운영되는 심야 음식점 편의점 등등 - . 정말 한밤중인데도 갈 곳이 적잖았습니다.

　내가 잠든 시간엔 다른 이들도 다 잠들어 있을 것 같았지만 막상 다녀보면 이렇듯 한밤을 새하얗게 지새우는 이들이 의외로 많음을 보게 됩니다. 그중 피시방을 택해 들어가 보니 앉을 자리가 마땅치 않을 정도로 손님들이 꽉 차 있었습니다. 매캐한 담배연기, 그리고 게임하는 파열음 소리가 장난이 아니어서 한 바퀴 둘러보곤 이번엔 만화방으로 가 봤습니다. 거기엔 몇 명의 청소년과 장년들이 잠들어 있었습니다. 만화책을 보는 이는 거의 없고 모두가 잠만 자고 있었습니다.

　비디오방은 내키지 않아 그만두었고 결국 몇 군데 골목을 더 돌아다니다 사우나에 가서 샤워하고 나와서 죽 한 그릇 먹고 출근했습니다. 살아가는 이야기가 가득했던 새벽시간, 그 시간에 깨어 있었기에 오늘 하루는 의미가 새로웠습니다. 덕분에 나를 위해 24시간 3백 65일 항상 깨어 있으신 분. 그분의 사랑에 새삼 감사하는 시간도 됐습니다.

남자들이 싫어하는 몇 가지_

　남자들이 싫어하는 몇 가지를 든다면 일요일에 쇼핑하는 것과 애 보는 것일 겁니다. 신세대 부부는 좀 다르다고는 하지만 나이가 들어가면서 '그렇다'는 대답이 늘어갈 겁니다. 이 같은 이치는 여자들이 자동차 주차와 연장 다루는 데 익숙지 않은 것과 비교할 만할 것입니다.

　얼마 전 의정부에 있는 커다란 쇼핑센터에 들렀는데 입구에서 한 아저씨가 아이를 업고 어쩔 줄 몰라 하는 모습이 보였습니다. 아이는 계속 칭얼거리고-. 그런 아이를 어설프게 업고 있는 폼이 보는 이들도 웃게 만들었습니다. 묻지 않아도 비디오인 게 아내 따라 쇼핑센터에 왔다가 거기서 한나절 내내 이것저것 물건 고르는 아내를 보다 못해 혼자 내려왔는데, 아마 아이까지 맡게 된 것 같았습니다.

　처음 얼마간은 그런대로 버텼지만 아이가 칭얼거리자 결국 녀석을 업고 밖에서 옹기둥기 하면서 달래다 날씨가 추어 현관 근처서 이러지도 저러지도 못하는 그런 폼이었습니다. 나도 아내와 이혼 마지노선까지 갈 정도로 싸웠던 때가 운전 연수시켜 줄 때와 아이 맡겨 놓고 외출해 늦게 들어올 때였습니다. 나중엔 애를 얼마나 울렸는지 목이 다 쉬어 버려 병원 신세까지 지게 됐는데, 다 아내 탓으로 돌려 버렸던 기억이 납니다.

40을 훌쩍 넘긴 이가 늦둥이를 업고 대형 마트 현관서 어쩔 줄 몰라 허둥대던 그 표정. 오늘 따라 그 생각을 하면 웃음이 입에 걸립니다. 근데 대책 없이 어린애(?)를 맡아 놓고는 이러지도 저러지도 못하는 이가 한 명 더 있습니다. 바로 우리 곁에 계신 예수님이십니다. 별별 것으로 달래 봐도 늘 보채기만 하는 성가신 우리들—.

정말 내팽개쳐 버리고도 남았을 텐데 아직도 우리를 업고 계신 주님을 생각하면 죄스럽기 한이 없습니다. 아마 대형 마트 현관서 마주친 아기 업은 아저씨의 그 표정이 오늘날 예수님의 모습은 아닌지—. 지금 곰곰이 생각 중입니다.

'빨해떡'과 '빨계떡'

내가 가끔 지나다니는 골목엔 색다른 음식점이 하나 있습니다.

길가에서 보면 의자와 테이블 서너 개 있는 조그만 분식점이나 다름없는 모습입니다. 그런데 그 음식점에 유독 관심을 갖게 된 것은 '빨해떡'과 '빨계떡'이라는 간판 메뉴 때문입니다

빨해떡은 뭐고 빨계떡은 뭘까?

평소 호기심이 많기로 둘째가라면 서러워 할 나, 그래서 한번은 맘먹고 들어가 봤습니다. 손님이라고 해야 여학생 두어 명이고 주방과 서빙을 겸하는 아줌마 한 명이 있었습니다. 들어서기가 무섭게 '빨해떡은 뭐고 빨계떡은 뭡니까' 하고 물었습니다. 그러자 아줌마 왈 '먹어 봐야 맛을 알지요' 하며 우문현답(愚問賢答)을 쏟아 냅니다. 점심 먹은 지 겨우 두 시간. 그래도 궁금증을 풀기 위해 간판 메뉴인 빨계떡을 시켰습니다.

잠시 뒤 커다란 우동 그릇에 라면이 담겨 왔는데 고명으로 얹은 계란만 뽀얄 뿐, 나머지는 새빨갰습니다. 매워도 뒤끝은 깔끔하다

는 설명을 들으며 한 젓가락 입에 가져갔습니다. 겨우 입맛만 본 셈인데 금세 혀가 얼얼하고 이마에는 식은땀이 솟아납니다. 멸치우린 국물에 라면을 넣고 고춧가루를 듬뿍 뿌린 뒤 멋을 낸 것이 빨계떡이었습니다. 빨해떡은 계란 대신 해물을 넣은 것만 다를 뿐 맛은 더 맵다는 것입니다.

괜한 호기심 때문에 콧물 눈물 쏙 빼며 맛본 빨계떡, 이 겨울 잊지 못할 음식으로 기억에 남을 듯싶습니다. 그렇잖아도 녹록치 않은 세상살이 뭘 더 매운 맛을 보겠다고 빨계떡을 먹었는지 모르겠지만 삶이 호락호락하지 않다는 교훈 하나 더 얻었습니다.

빨해떡, 빨계떡 - . 참 재미있지 않습니까.(- 이번에 알았는데, 빨계떡은 '빨간 계란 떡라면'의 약자랍니다)

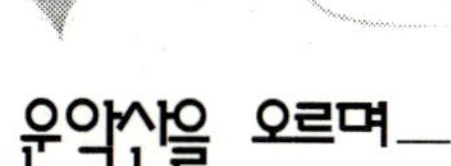

운(雲)만 떼면
악(岳) 소리가 나는 세상살이,
산(山) 게, 산 것이 아니라는 푸념 속

새해 셋째 주 일요일

운(雲) 동 삼아
악(岳) 바리처럼
산(山)을 오른 게

바로 운악산이었답니다.

국립공원 입장료 폐지된 것만 알았지 사찰입장료가 그냥 살아 있
다는 것은 망각해 1인당 1600원씩 내는 돈이 얼마나 아까웠던지―.
까닥했다가는 산행을 포기할 뻔했습니다. 현등사 일주문을 지나 2

백여 미터 올라가 오른쪽 능선을 택해 눈썹바위 깔딱고개 철계단 병풍바위를 오르는 산행코스는 정말 '악' 소리 날만 했지만 기운차게 솟아 있는 '미륵바위(?)'를 보는 순간 남정네들은 풀죽은 한숨소리를 냈고, 여자들은 '와-우' 함성을 질렀습니다.

정말 '오빠-아' 소리 안 들은 것만도 다행이라면 큰 다행이었습니다. 64미터가 부족해 높이 1천 미터(936미터)를 못 채운 산이라 그 한을 아름다움으로 승화시켰는지 기암기봉으로 이루어진 산세가 너무 아름다워 우리 일행 중 미모로 한가락 한다는 여성동지들 다 모아도 운악산의 빼어난 미(美)에는 어림없었다는 사실, 이날 처음 알았습니다. 이 산이 경기의 금강산이라고 불리는 이유를 알 만했습니다.

서울 태능에서 한 시간 반 못 미쳐 도착한 운악산 현등사 입구는 입장료만 받지 않으면 금상첨화(錦上添花)일 텐데-. 아쉬움이 큰 대목이었습니다. '도가니(?)'가 부실해 이번 산행을 포기한 몇몇 지우들의 가슴을 치게 만든 것은 이 산의 명물인 남근석을 보지 못한 것 때문일 것입니다. 하나만 봐도 삼대가 아들만 나온다는데-. 자이언츠 더블급인 남근석 두 개를 보면서 '와-우'를 연발했던 우리 일행 중에는 늦둥이 얻는 이도 생겨날 듯싶어졌습니다.

운악산 만경대 정상 표지석 옆에서 포즈 한번 잡고 그 앞에 차려 놓은 밥상에서 맛난 점심 먹고 하산하는데 길 옆 바위가 코끼리 모양을 하고 있어 자연의 신비에 다시 한 번 감탄사를 날렸습니다. 서너 시간 걸린 산행, 아이젠을 하고도 미끄러지고 손발이 꽁꽁 어는 듯한 추위 속에서 등에 땀이 줄줄 흐를 정도로 '악 악' 소리 지르며 올랐던 운악산-. 가을에 다시 찾으면 정말 볼만할 거라는 생각이 들었습니다.

철마다 변하는 자연을 보면서 감탄사를 연발하지만 그 뒤에 서 계신 참사랑에 대해서는 늘 침묵하고 있는 우리들. 봄바람에 눈 녹듯 변할 때가 되지 않았나요?

스키장에서 생긴 일(?) — 1

난생 처음 스키장엘 갔습니다.

그것도 구경이 아닌 스키를 타러 간 것입니다. 반백(半百)이 가까운 나이에 말입니다. 썰매와 스케이트까지는 타 봤지만 스키 타는 것은 TV에서 본 것이 전부인 터라 '기대 반 두려움 반'이 교차됐습니다.

홍천 근처에 있는 콘도미니엄 비발디 파크에 방을 예약하고, 가는 길에 스키와 스키복을 렌트하러 장비가게에 들렀습니다. 이곳에서는 스키점주가 차례대로 일행의 키와 몸무게, 발 사이즈를 묻고 종이에 적은 다음 그에 맞는 스키와 신을 찾아와 세팅해 주었습니다. 내 키 175센티, 몸무게 68킬로그램, 발 사이즈 260센티미터 —.

잠시 뒤 턱까지 닫는 스키 한 벌과 영화 로보캅에 나오는 장화 같은 구두가 내 앞에 놓였습니다. 신어보고 몇 발자국 떼어 보니 걸음이 영락없는 그 로봇 폼이었습니다. 스키폴은 팔을 앞으로 반접어 수평이 되는 것이 내 사이즈였습니다. 이번엔 스키복을 고르는데 그 모양새가 천차만별이었습니다. 그중 가장 섹시(?)한 것으로 한 벌 골랐습니다. 고글은 생략했고 - . 모자와 장갑은 집에 있던 것을 가져가 따로 장만할 필요가 없었습니다.

콘도에 도착한 시간이 저녁 무렵, 준비해 간 것으로 식사 만들어 먹고 다투듯이 먼저 달려간 곳이 스키장이었습니다. 그곳은 다른 곳에서는 보기 힘든 눈이 넘쳐났고 그 위로 휘황찬란한 조명이 넘실거려 정말 별천지가 따로 없었습니다. 사람은 또 얼마나 많은지 - .

스키복을 입고 스키구두를 신은 채 뒤뚱뒤뚱거리며 펭귄 걸음으로 리프트 타는 곳까지는 잘 왔는데, 스키장 슬로프를 보는 순간 그만 발걸음이 얼어붙고 말았습니다. 저 높은 경사로에서, 그것도 걸어서 내려오는 것이 아니라. 스키를 타고 내려온다는 게 사람 일 같아 보이지 않았습니다.

줄을 선 채 앞으로 밀려가다 내 의지와 상관없이 리프트 의자에 자동으로 앉아 버리게 됐는데 그곳에서 내려다보는 스키장 풍경은 정말 가슴 설레게 합니다. 리프트 하강 지점서부터 몸통으로 내려와 버린 나. 그런데 스키신고 넘어지면 일어나기가 얼마나 힘든지 꼭 뒤집어진 거북이나 바퀴벌레와 크게 다를 바 없었습니다. 얼마간 버둥거리다 옆 사람의 도움으로 간신히 일어나 스타트 지점에 섰는데 한마디로 '이건 아니었습니다.'

강습이래야 함께 간 직원으로부터 '이렇게 저렇게 해 봐라'는 소리 들은 게 전부였는데, 그 역시 지난해 딱 한 번 스키를 타 본 왕초보여서 별 도움도 되지 못했습니다. 차라리 기도하는 게 더 나을 듯싶어 그저 주님만 찾았습니다. 위기 때만 찾는 그분 말입니다. 그리곤 죽기 아니면 까무러치기 심정으로 폴을 의지하며 미

끄럼을 타기 시작했습니다. 하지만 녹녹지 않았습니다. 그저 '어-
어-어-' 하다 보면 '꽈당'

스키는 어느새 분리돼 저쪽에 나가 떨어져 있고-. 엉금엉금 기
어가 주워 신고 다시 도전해 보지만 일어나기가 무섭게 또 다시
'꽈당-' 2백여 미터 남짓한 슬로프를 내려오는 데 30분 이상 걸
린 것 같습니다. 꼬맹이도 여자도 잘 타는데 나만 스키가 아닌 몸
뚱이로 내려오다 보니 시간이 그리 많이 걸린 것입니다.

스키장에서 생긴 일(?) — ㄹ

누가 그랬던가요. 경험만한 스승은 없다고 - .

슬로프를 서너 번 내려가 보니 이젠 어느 정도 자신이 붙어 스키 타는 맛을 좀 알 것 같았는데, 이때 일행들이 모두 중급 코스로 이동을 하는 겁니다. 이날 이 코스 마감시간이 가까워짐에 따라 마지막 리프트를 타야기에 무조건 함께 가야 한다며 말입니다. 스키장에서도 공생공사(共生共死)라는 말이 통하는지 이날 처음 알았습니다.

중급 코스 꼭대기에 서 보니 이건 아예 벼랑이었습니다. 자살 연습하러 온 것도 아닌데, 낭떠러지에 세워 놓고 스키 타고 내려가라니 - . 뒤를 돌아다보니 필리핀 친구 폴이 덜덜덜 떨고 있었습니다. 죽어도 못 간다는 표정과 함께 말입니다.

이날 밤 마지막 리프트를 타고 올라왔던 우리 일행인지라 이미 타고 내려갈 기구도 없고 어차피 혼자 가야 할 길이기에 천천히 스타트를 했습니다. 내 마음은 자동차 1단 속도로 내려가고 싶은

데 이건 출발만 했다 하면 자동으로 미끄러져 급가속이 돼 체감 속도는 100킬로가 넘는 것 같아집니다. 이럴 줄 알았으면 유언이라도 자세히 적어 놓고 오는 건데-라는 후회도 있었지만 우선은 살아서 내려가는 게 급선무였습니다. 그런데 앞서 갔던 다른 팀원 중 한 사람이 보드를 타다 손목이 부러져 안전요원이 들것에 태워 끌고 내려가는 게 보였습니다.

순간 나도 저만한 부상만 당했으면 좋겠다(?)는 생각이 들었습니다. 중상은 물론 목숨까지도 잃을 수 있다는 생각에섭니다. 나 죽는 것은 그렇다 치더라도 멀리 필리핀서 이곳까지 왔다가 스키 타다 죽었다는 소린 듣게 해서는 안 될 것 같았습니다. 그래서 내려가는 안전요원을 불러 사정했습니다. 필리핀 친구 좀 잘 내려가게 해 달라고 말입니다. 그러자 무선 연락을 하는 것 같더니 잠시 뒤 패트롤카(스노우 모빌)가 굉음을 내며 올라오는 것이었습니다. 필리핀 친구 폴은 그렇게 내려갔고 이젠 내가 맨 꼴지가 돼 버렸습니다.

한숨만 푹푹 쉬고 있는데 이건 기도 제목에도 없던 일이 벌어졌습니다. 필리핀 친구를 태우고 갔던 패트롤카가 다시 올라오는 것이었습니다. 그 운전사가 다가오더니 필리핀 친구가 나를 꼭 태워 내려와 달라고 신신당부했다는 겁니다. 이날 패트롤카를 타고 맨 마지막으로 스키장을 빠져 나오자 밑에 있던 이들이 박수를 치면서 난리였습니다. 하지만 우리 팀 사람들은 창피해 죽겠다면서 아는 체도 안 합니다. 이날 부상당한 사람 빼고 멀쩡한 사람이 패트롤카를 타고 내려온 이들은 우리 팀밖에 없었다고 하면서 말입니다.

어쨌든 한번 타 보고 싶었던 스키도 탔거니와 덤으로 패트롤카까지 타는 행운도 얻어 폴과 나는 신이 났습니다. 숙소로 돌아오니 밤 12시 반. 젊은 멤버들은 이날 밤 꼬박새우며 동양화 맞추기에 심취해 버렸고 밤새 넘어지고 뒹굴었던 나와 폴은 금세 잠에 빠져 들었습니다.

이튿날 일어나려니 온몸이 쑤시고 저려 꼼짝할 수가 없었습니다. 다행이 뜨거운 물에 푹 담갔다 나오니 그나마 살 것 같았습니다. 일행은 다시 스키를 타러 나가고 난 주변을 둘러보면서 살아 있음을 실감했습니다. 그런데 정말 신이 난 사람들은 따로 있었습니다. 대만에서 단체로 온 관광객들은 눈도 처음 봤거니와 썰매도 처음 타는지라 그들이 있는 곳은 정말 난장판에 가까웠습니다. 이들을 가이드하던 한국 사람들의 가슴에 찬 ‘공작요원’이라는 표시는 또 얼마나 웃음을 자아내게 하는지ㅡ. 암튼 이번 스키장에서 있었던 일은 평생 기억될 추억거리였습니다. 살다 보면 이런 날도 있는가 봅니다.

스키 처음 타는 나처럼 신앙생활을 막 시작한 이들의 고충도 적지 않을 수 있습니다. 그들을 잘 인도해 스스로 일어설 때까지 도와주는 것은 바로 우리들 몫입니다. 스키 타는 일이나 신앙생활은 똑같이 잘 넘어질 수 있는 특징이 있다는 거 잊지 말았으면 합니다.

한 살 더 먹고, 그 위에 한 달 더 얹었는데도 불구하고 세월의 속도는 더 빨라지고 있는 듯싶습니다. 30대 후반서 멈춰 버렸음 했던 나이듦이 내 의지와 상관없이 더하기를 계속하는 터라 이젠 아예 잊어버리기로 했습니다. 내 나이를 말입니다. 그런데 올 들어서는 작정이라도 한 듯이 내 핸드폰에 낯선 전화가 자주 찍히기 시작합니다. 고개를 갸우뚱하면서 받아 보면 십중팔구 물건을 사라는 전화입니다.

'저기요 고객님-' 하고 시작되는 전화는 도무지 끊을 타임을 주지도 않습니다.

'저희가 이번에 개발한 00엑기스는 시중에서 구할 수 없는 것으로 복용만 하면 젊음을 되찾을 수 있을 뿐만 아니라-'

내 늙어감을, 아니 내 나이를 어찌 그리 잘 알고 있는지 꼭 내 나이 또래가 먹어야 할 건강식품이라며 마케팅 전화가 수시로 옵니다. 며칠 전에도 홍삼을 싸게 준다는 전화가 왔는가 하면 어제는 일주일만 체험하라면서 안마기기까지 배달이 돼 왔습니다. 맘에 안 들거나 효능이 없으면 다시 돌려보내면 된다는 조건부였지만 그때 가서 말이 어떻게 변할지는 나도 모릅니다. 덕분에 팔자에 없는 안마를 아침저녁 받고 있습니다.

마누라한테 등 좀 몇 번 두들겨 달래면 구시렁거리는 소리를 잔뜩 들어야 했는데 이 안마기는 스위치만 누르면 저 혼자 10여 분간 등이 노곤하도록 힘을 써 대는 것이 얼마나 대견한지 모릅니다. 아마 이러다가는 일주일 체험만 하고는 그대로 못 돌려보낼 것 같습니다. 월부 항목이 또 하나 늘어날 확률이 점점 많아집니다. 하지만 궁금한 것은 어찌 그리도 내 나이쯤에 걸맞은 상품소개 전화만 온다는 것입니다. 나도 내 스스로 잊기로 한 내 나이를 장사꾼들은 어찌 그리 잘 알고 그러는지 이해할 수가 없습니다.

건강원이라고 하는 곳에서는 뱀탕을 자실 나이가 됐다고 으름장이고 칼슘 영양제를 판다는 아가씨는 남자도 골다공증이 심각하니 지금부터 이 약을 먹어야 한다고 하고, 보험회사 아주머니는 노후 치매까지 보장되는 보험을 들라고 성화니 - . 그때마다 이런 말을 하고 싶어집니다.

나는 지금 불로초보다 더 값진 '신약'과 '구약'을 꾸준히 복용 중이며 치매가 보장되는 보험보다 평생은 물론 영생까지 보장되는 천국보험에 가입해 있다고 말입니다. 님들 생각은 어떤지요.

부부(夫婦), 그리고 9142 — (1)

얼마 전 자동차 이전 등록을 할 때입니다.

자동차 등록사업소에 들러 각종 서류와 공과금을 내고, 새 번호판을 받아 옮겨 다는데 이 작업을 대신 해 주던 아저씨가 뜬금없이 '교회 다니슈' 하고 물었습니다.

주변 분위기도 낯설고 서류 접수하는 일로 은근히 긴장하고 있어 신경이 날카로워졌던 터라 건성으로 대답했습니다.

'그 - 런 - 데 - 요'

'아 -. 번호판이 너무 좋아서 그럽니다.'

'번호판이 좋다니, 그건 또 뭔 소립니까?'

'9142 아뉴. 그것도 00 부에 -.'

도시 알아들을 수 없는 소리를 연거푸 듣고 있자니 반가움보다는 짜증이 났습니다. 내 표정이 별로였던지 작업하던 아저씨는 자동차 번호판을 번쩍 들어 올리며, 숫자와 글자를 또박또박 읽기 시작했습니다.

'00 부. 9142. 다시 말하면 부부가 구원사이(9142)라는 거 아닙니까. 교회 다닌다면서요. 교인에게 이보다 더 좋은 번호판이 또 어디 있습니까?'

자세한 설명을 듣고 나서야 내 입가에 미소가 번지기 시작했습니다.

9142 - 구(9) 원(One. 1) 사(4) 이(2).

내가 그 뜻을 음미하고 있는 사이 능숙한 솜씨로 앞뒤 번호판을 교체한 아저씨는 무릎을 툭툭 털며 일어나더니 '잘사슈. 그리고 꼭 구원사이가 되슈' 하며 건물 뒤편으로 총총 걸음을 옮깁니다.

'새 번호판이 구원사이(9142)라.'

지극히 평범한 아라비아 숫자의 조합을 그렇게 멋진 해석으로 풀이해 낸 아저씨의 혜안(慧眼)에 그날은 종일토록 미소를 달고 살았습니다.

'여보 새 자동차 번호가 뭔지 알아. 9142야 무슨 뜻인지 맞춰볼래. 아마 당신은 죽었다 깨나도 모를 거야. 우리가 구원사이라는 것을-'

당장이라도 전화를 걸어 아내에게 말하고 싶었지만, 나는 당분간 번호판에 숨겨진 비밀을 나 혼자만 간직하기로 했습니다.

지난해 가을 친한 친구 한 명이 이혼을 했습니다.

동기들 중에 가장 먼저 출세를 했고, 아파트 평수도 제일 넓어 부러움을 독차지하던 그런 친구였습니다. 자의반 타의반으로 그 집을 몇 번 방문했을 때도 값비싼 수입차에 수천만 원짜리 가구와 고급 가전제품에 주눅 든 아내는 다음부턴 그 집 초청이라면 '정중히 사절한다'고 아예 못을 박은 터였습니다.

나 역시도 그 집에 갈 때마다 달라진 전자제품 설명을 들어야 하고, 새로 산 자동차의 성능과 구조에 대한 열변을 반복해 듣는 것이 지겨워 아내와 같은 생각을 하고 있었지만 그렇다고 우정 운운하는 그 친구를 모른 체할 수 없어 매번 당하고만 있는 입장이었습니다. 그런 그 친구가 이혼한 사건은 동기들 사이에 당연히 화제가 됐습니다.

누구는 친구가 해외 출장 중에 그 아내가 바람을 피우다 시댁식구들에게 들켜 이혼을 하게 됐다고도 하고, 다른 소문은 남편이 주식투자로 많은 돈을 잃고 나서부터 부부 싸움이 잦았는데 결국 그것이 불씨가 돼 이혼을 하게 됐다고 말하지만 정작 구체적인 이혼사유를 아는 친구는 한 명도 없었습니다. 하기야 이혼이 다반사인 요즘 세상에서는 그 자체가 화제 대상이 되지도 않습니다. 이미 신혼부부의 상당수가 1년 내 이혼하는 추세고 황혼부부들도 쉽게 이혼 도장을 찍는 세태인데 어찌 그 친구의 이혼이 오랫동안 회자(膾炙)될 수 있을까 말입니다.

부부(夫婦), 그리고 기타 — (2)

부부는 무촌(無寸)지간입니다.

아비와 자식사이에는 촌수가 성립되지만, 정작 함께 사는 부부는 촌수가 없습니다. 혹자는 이를 일러 너무 가까운 사이라 촌수로 따질 수 없어 그렇게 된 것이라지만, 그것은 자위요 방편적 해석으로밖에 보이지 않습니다. 아내는 외도한 남편을 살해하기 위해 살인용역을 쓰고, 아내를 토막 내 살인한 남편의 엽기행각도 더 이상 경천동지(驚天動地)할 사건이 되지 않는 세상 속에 살면서 부부 관계에 대한 허망한 생각이 들 뿐입니다.

어디 이뿐만입니까. 요즘 중년층 부인들 사이에서는 애인 없는 여자는 6급 장애인이라는 별명이 붙는다고 합니다. 이 말을 뒤집어 보면 대개의 중년여성들은 성적(性的)이든 대화 상대든 간에 이성 친구 혹은 애인을 두고 있다는 이야기가 됩니다. 이제는 '곪아도 젓국이 좋고 늙어도 영감이 좋다'거나 '검은 머리 파뿌리 되도록 살자'던 말은 이미 구어가 돼 버린 지 오랩니다.

부창부수(夫唱婦隨)요 천정배필(天定配匹)이라며 축하해 주던 말도 어색해졌으며, 해로동혈(偕老同穴 - 살아서 함께 늙고 죽어서 같은 무덤에 묻힌다)과 백년해로(百年偕老)란 말은 자칫 악담이 될 수도 있는 세상이 돼 버린 것입니다. 세상이 점점 혼돈해지다 보니 이젠 내 문제를 넘어 자식 혼사 걱정까지 하게 됩니다. 자칫 하다가는 내 며느리가 성전환 한 트랜스젠더가 되지 말라는 법이 어디 있으며, 아들놈이 살아보고(동거 커플) 혹은 계약결혼을 하겠 다고 나서지 않을 것이란 확신도 없기 때문입니다.

인터넷상에 좋은 부부되는 법에서부터 사랑받은 아내와 남편 이 야기가 많이 떠도는 것도 부부의 사이가 험한 요즘 세태를 반영하 는 조짐이란 걸 대개는 눈치 챌 수가 있습니다. 오죽하면 가정법 원이 이혼도장을 함부로 찍지 못하도록 냉각기간을 갖도록 강제 법안을 만들었을까 하는 생각도 듭니다. 정말 대책 없는 것이 요 즘의 부부문제인 듯싶습니다.

나 역시 아내와 아들을 외국에 보내 놓고 외기러기 생활을 하고 있다 보니 부부문제에 대해 민감해지거나 혹은 무덤덤해지는 느낌 을 지울 수가 없습니다. 혼자라는 환경이 불편한 점도 많지만, 때 론 구속과 간섭으로부터의 자유가 오히려 평안해지기까지 하기 때 문입니다. 아내의 빈자리와 그 자리 속에서 찾는 자유는 정말 아 이러니 그 자체입니다. 혼란이 가중되던 때 마침 자동차 번호판을 교체해 주던 아저씨가 내 마음을 잘 읽은 심술사(心術師)처럼 9142(구원사이)에 대한 명쾌한 답을 내 준 것입니다.

'그래. 아내와 나는 믿음 안에서 만난 구원사이야. 아마 세상에 이런 궁합이 또 있을까?'

아내가 귀국하는 날, 인천공항으로 마중을 나갈 때 이 차를 가지고 가서 번호판의 내력을 설명해 줘야지. 어쩜 아내도 우리 사이의 정체성에 대해 적잖이 생각을 하고 있었을 것이 분명한 만큼, 이 우연 같은 필연을 분명 반가워할 겁니다.

구원사이(9142) 정말 놀라운 발견이 아닙니까.

며느리 & 시어머니 거짓말

꼭 1년 전, 설날을 앞두고 MBC가 설 특집 '여성! 100대100'을 통해 며느리와 시어머니 각각 1천여 명을 대상으로 설문조사를 한 적이 있었습니다. 주제는 바로 며느리가 시어머니에게 가장 많이 하는 거짓말은 무엇일까. 또 시어머니들은 며느리에게 어떤 거짓말을 자주 할까였습니다. 참 다루기 힘든 주제였지만 조사결과는 더 재미있게 나왔습니다. 이 중 '며느리가 시어머니에게 하는 거짓말' 1위는 '어머님 벌써 가시게요? 며칠 더 계시다 가세요'로 조사됐습니다.

이어 '용돈 적게 드려 죄송해요. 다음엔 많이 드릴게요.'

'어머니가 한 음식이 제일 맛있어요.'

'전화 드렸는데 안 계시더라고요.'

'저도 어머님 같은 시어머니 될래요' 순으로 나왔습니다.

반면 '시어머니가 며느리에게 가장 많이 하는 거짓말' 1위로는 '아가야 난 널 딸처럼 생각한단다'였습니다.

이어 '생일상은 뭘…… 그냥 대충 먹자꾸나.'

'내가 얼른 죽어야지.'

'내가 며느리 땐 그보다 더한 것도 했다.'

'좀 더 자라. 아침은 내가 할 테니' 등이 그 뒤를 이었습니다.

이 설문 조사 결과를 보면서 난 한동안 배꼽을 잡고 웃었습니다.
그리곤 아내의 얼굴을 뚫어져라 바라보다가 한마디 던졌습니다.

'꼭 당신 이야기네.'

그러자 아내도 질세라 금세 말(斗)로 대답을 합니다.

'어머니 얘긴 아니구?'

이날 집안싸움 일보 직전까지 갔다가 겨우 수습이 됐음은 물론
입니다. 명절을 앞두고는 꼭 스트레스 받을 일이 생깁니다. 더군다
나 남의 식구였던 며느리들은 오죽하겠습니까. 아마 이번 설을 앞
두고도 내려가는 일로부터 차례지내기와 설빔, 세뱃돈 등등 스트레
스를 넘어 싸울 일도 많아질 겁니다.

그래도 어찌합니까. 다 아는 거짓말이라도 다시 하면서 즐겁게
웃고 넘어가야지요. 어렸을 때 부르던 동요 '설날' 한번 중얼 거리
다 보면 올 명절도 무사히 넘길 수 있을 겁니다.

'설'동요 4절입니다.

'무서웠던 아버지 순해지시고
우지 우지 내 동생 울지 않아요
이 집 저 집 윷놀이 널뛰는 소리
나는 나는 설날이 참말 좋아요'

꽃상여

　새로 켠 나무 향이 솔솔한 데다 오색 종이꽃으로 치장까지 해 제법 멋스러울 만도 한데, 꽃상여를 보면 왠지 마음 한편으로부터 우울함이 밀려듭니다. 바로 저승길로 가는 마지막 행차에 타는 가마라서 그런가 봅니다. 없이 살던 그때 사람들, 생전엔 언감생심 타 볼 꿈도 못 꾸다가 죽어 한 번 탄 꽃상여는 화려한 외양과는 달리 고인의 원(怨)과 한(恨)이 오색 꽃종이로 승화한 듯해 보기만 해도 눈물을 떨어뜨리게 합니다.

　지난 일요일, 고향집에 갔다가 교우 한 분이 돌아가신 것을 알게 됐습니다. 마침 발인식이라 장지까지 따라가 꽃상여를 메게 됐습니다. 난생 처음 메어 본 꽃상여였습니다. '하늘엔 기쁨이'라는 찬미가 구령에 발을 맞춰 산길을 오르는 것이 쉽지만은 않았습니다. 어깨도 저려 왔지만 얼었다 녹은 비탈길은 자칫 미끄러지기가 십상이어서 꽃상여를 메고 가는 일이 만만치 않았던 것입니다.

　어느 시인은 자기 아내 죽어 처음으로 베옷 한 벌 해 주었다고 자조 섞인 울분을 토했습니다만, 정말 생전엔 차 한번 마음먹고 태워 드리지 못하다가 돌아가신 뒤 겨우 꽃상여를 태워 드린 것 같아 내 설움도 북받쳐 왔습니다. 이날은 젊은 교인들이 서로 꽃상여를 지려고 나서는 모습이 꽃보다 더 아름다웠고, 추운 날씨에도 불구하고 내일처럼 자질구레한 일들에 뛰어들던 여집사님들을 보면서 신앙 안에서의 죽음은 끝이 아니라는 사실을 발견하게 됐습니다.

솔로몬이 말한 '헛되고 헛되도다' 한 뜻을 1회용 꽃상여가 불길에 휩싸이는 모습을 보면서 더 실감했습니다. 언젠가 나도 한 번은 타야 할 것 같은 그 꽃상여라서인지 예전과는 사뭇 달라 보였습니다. '문밖이 저승'이라는 옛 어른들의 말씀과 죽음이 남의 일이 아님을 이제는 알 것도 같습니다.

살아 있음에 감사할 줄 아는―. 살아 있을 때 적선을 많이 해야 할 충분한 이유도 알게 됐습니다. 신앙은 바로 '선'을 쌓고 '덕'을 실천하는 것이기 때문입니다. 꽃상여 타는 날이 점점 가까워 오는 세대에 끼어 버린 나, 이젠 세상 욕심도 미련도 욕망도 다 내려놓아야 할까 봅니다.

별난 전화벨 소리 1 — '그만 일어나세요'

어떤 사람이 문상(問喪)가서 분향을 하고 절을 하는데 갑자기 핸드폰이 울렸습니다. 그것도 일반 벨 소리가 아닌 '옹헤야 어절씨구 잘도 간다 옹헤야-' 본인은 물론 상주와 주변사람들까지 놀라 어쩔 줄을 몰라 했다는-.

누가 지어낸 이야긴지 실제 일어났던 일인지는 잘 모릅니다. 하지만 어제 아침 출근을 위해 전철을 타고 가던 중 의자에 앉아 졸고 있던 젊은이들 앞에서 진짜 재미난 전화벨 소리를 듣고 옆에 있던 이들과 함께 웃었습니다. 출근길 전철 안에서는 자리 잡기가 하늘의 별따기만큼 어렵습니다. 그런데도 내 앞에는 젊은이들이 용케도 자리를 다 차지하고 있었습니다. 반면 무슨 일이 급한지는 몰라도 출근길 전철 안에는 노인들도 적지 않았습니다. 이분들은 노약자석까지 가지도 못하고 이 사람 저 사람에게 밀리며 나와 함께 서 있게 됐습니다. 물론 우리 앞에는 편안히 앉아서 잠자며 가는 젊은이들이 있었습니다.

그때였습니다. 어디선지 전화벨 소리가 크게 울렸습니다. '그만 일어나세요. 일어날 시간이에요' 갑작스런 전화벨 소리에 모두들 깜짝 놀랐습니다. 더군다나 그 소리는 아무데서나 들을 수 없는 소리였기 때문입니다. 누군가가 알람 시간을 잘못 맞춰 놓았든지, 아님 야근을 한 뒤 아침 늦게까지 자는 이가 타이밍 설정을 그렇게 해 놓은 듯싶었습니다. 아님 원래의 벨소리가 그런 게 있는지는 잘 모르겠습니다.

그런데 이 벨소리에 의자에 앉아 졸던 젊은이들이 반사적으로 눈을 떠버린 것입니다. '아마 일어나라'는 말에 다 같이 순간적인 반응을 보였던 것 같습니다. 그들이 눈을 뜨고 마주친 눈이 바로 자신들 앞에 서 있는 노인들 눈이었습니다. 그리곤 주위의 따가운 시선들. 젊은이들은 하나 같이 주섬주섬 일어났습니다. 그리곤 멋쩍은 표정으로 앞에 서 계신 노인들에게 자리를 양보하는 것이었습니다.

'그만 일어나세요. 일어 날 시간이에요.'

그 벨소리가 어떻게 해서 났는지는 전화 주인만 알 것입니다. 그런데 그 벨소리 덕분에 아침 출근길은 물론 저녁 퇴근 때까지도 웃음의 여운이 계속됐습니다. 아마 앞으로도 전철을 타고 갈 때 젊은이들이 자리를 다 차지하고 잠자는 척할 때마다 그 벨소리가 생각날지도 모르겠습니다. 핸드폰 소리가 공해로 여겨질 만큼 짜증나는 세상에 상황에 따라선 정말 멋진 벨소리도 될 수 있다는 생각이 들어서입니다.

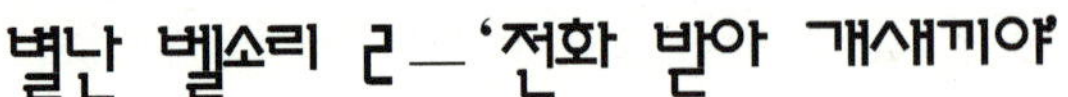

별난 벨소리 2 — '전화 받아 개새끼야'

　　호기심 많은 우리 사무실 직원 한 명이 일을 저질렀습니다. 그것도 사람이 가득 들어선 엘리베이터 안에서 말입니다. 마침 물건을 양손에 잔뜩 든 채 엘리베이터를 탔던 직원, 하필 그때 주머니에 있던 전화가 울리기 시작한 것입니다. 그런데 그 벨소리가 얼마나 엉뚱했던지 나이 든 이들은 잔뜩 긴장한 모습이고, 일부 여학생들은 키득거렸습니다. 물론 당사자인 이 직원은 얼굴이 빨개져 다음 층에서 급히 내리고 말았답니다.

　　사건의 발단은 친구로부터 재미나다는 전화벨 소리를 다운 받은 게 원인이었습니다. 기상천외한 벨 소리를 다운 받아 장난삼아 몇 번 사용했는데, 그만 다시 바꿀 타이밍을 놓쳐 버렸던 것입니다. 그런데 일이 터질려니 묘한 곳에서 그만 전화벨이 울리고 만 것입니다.

　　'전화 받아 개새끼야. 왜 안 받아 씹째끼야.'

　　조폭 행동 대원이 연상되는 험한 목소리에 대뜸 '전화 받아 개새끼야' '왜 안 받아 씹쌔끼야' 하고 소리쳐 대니 처음 듣는 이들은 기겁할 수밖에요.

그렇잖아도 짐을 나르느라 작업복 차림의 험한 외모에 양손에는 연장 가방을 들고 있던 이 직원을 보는 것만으로도 상대방의 시선을 내리게 할 판국인데 여기에다 '전화 받아 개새끼야' 하는 벨소리까지 최고 옥타브로 들리니 그 좁은 엘리베이터 안이 소란스러워지는 것은 당연한 일이 돼 버린 것입니다.

'아-휴. 나 창피해서 죽는 줄 알았어요.'

전화 벨소리 다운 받아 장난 몇 번 쳐 보고는 그만 큰 망신을 당한 우리 사무실 직원. 이 사건 이후 얼른 벨소리를 원상 복귀시켰지만 정말 이런 욕지거리로만 된 전화벨 소리를 듣고 보니 세상 참 점점 험해져 간다는 그런 생각이 들었습니다. 어쩜 하다하다 못해 전화 벨 소리까지 욕으로 만들 생각을 했을까요. 우리 아이들이 이 소리를 듣고 흉내나 내지 않을지 정말 걱정을 넘어 두려운 생각까지 듭니다.

암튼 나도 그 소리를 처음 들었을 때는 설마 했다가도 몇 번 듣다 보니 다음 소리는 내가 먼저 하는 것을 보면서 나도 놀랐습니다. 가령 벨소리가 '전화 받아 개새끼야' 하고 울리면 금세 나는 전화 다음 벨소리를 연상하면서 '알았어 씹쌔끼야' 하고 응전하는 거 말입니다. 정말 세상살이 걱정입니다. 그려-.

'2월이 가장 짧은 이유를 아세요'

젊은 시절엔 몰랐었는데―. 나이가 들어가면서 달력 숫자에도 민감해지는 것을 느끼게 됩니다. 가령 31일까지 꼭꼭 찬 달은 당연한 것 같지만 28일이나 29일로 끝나는 달은 왠지 손해를 본 것 같은 그런 심정 말입니다.

월급쟁이 입장에서 보면 날이 하루라도 줄어든 달이 더 좋아야 하는데, 돈보다 세월 빨리 가는 게 더 아쉬운 것이 어쩔 수 없는 나이배기인가 봅니다. 다른 달에 비해 유독 짧은 2월에 대한 서운한 감정도 숨기고 싶지가 않습니다. 그런데 다른 달들은 30일 아니면 31일로 돼 있는데 이 달은 왜 28일, 윤년이 돌아와도 29일밖에 안 될까요. 여러 달 가운데 하필 2월이 가장 짧은 것은 또 왜일까요.

로마인들이 쓰던 달력은 처음엔 March(1월)부터 December(10월)까지 달 이름이 10개밖에 없었다고 합니다. 11월과 12월에 해당하는 두 달은 이름조차 없이 무시됐지만, 그 기간이 농한기이기 때문에 로마인들은 별로 불편해하지 않았답니다. 기원전 8세기경 누마 폼필리우스 왕은 제대로 된 달력의 필요성을 느끼고 새 달력을 고안하게 됩니다. 이때 누마는 1년을 355일로 정했습니다. 달의 움직임에 맞춘 것입니다. 누마는 비어 있는 11월과 12월 자리에 January와 February의 두 달을 추가, 열두 달이 있는 달력을 만들었습니다. 당시 로마인들은 짝수를 불행한 숫자라고 믿었으므로, 누마는 열두 달 중 일곱 달은 각각 31일, 4개월은 각각 29일로 정했습니다.

그러다 보니 1년 355일을 채우려면 어쩔 수 없이 28일짜리 짝수 달이 하나 필요해졌습니다.

누마는 1년의 마지막 달이자 한겨울에 속해 있는 February를 그 달로 선택했습니다. January와 February가 한 해의 시작인 1, 2월의 이름으로 바뀐 것은 그로부터 수세기가 흐른 뒤의 일입니다. 일설에는 로마인들이 원래 30일로 돼 있던 8월을 31일로 늘리기 위해 2월에서 하루를 빼내 가는 바람에 2월이 작아졌다는 얘기가 있고, 아우구스트 황제를 따 이름 지은 8월(August)이 30일밖에 안 되는 것을 불경스럽게 여겼기 때문이라는 설명도 있습니다.

그 이유야 어찌 됐든 개인적으로 2월이 짧은 것이 서운합니다. 몇 년 전까지는 짧은 2월이 참 좋았었는데 말입니다. 날짜 하루 이틀 가지고도 마음이 기우는 것을 보면 정말 소인배 같아 보입니다만, 그때가 되면 요일과 시간도 변경해 불법을 정법으로 바꾸려는 큰 세력이 우리의 목을 죌 것이라고 생각하면 2월의 속뜻이 시사하는 바가 큽니다. 특히 우리네 신앙생활에서는 말입니다. 암튼 이미 기울어져 버린 금년 2월도 주님 사랑 가운데 마지막 날까지 탈 없이 보내시기를 바랍니다.

신호 잘못 본 죄가 6만 원—

2월 마지막 날, 고려대학교 근처인 안암 5거리서 미아 사거리 쪽으로 차를 운전하던 중, 급히 유턴해야 할 일이 생겼습니다. 한 2백 미터쯤 직진하다 보니 미아 사거리가 나왔고 거기 표지판에 유턴과 좌회전이 보였습니다. 그런데 하필 내 앞에는 운전자들 사이 가장 인기 없는 차가 서 있었습니다. 경찰차 말입니다.

마침 빨간 신호등인지라 경찰차 꽁무니를 스치듯 유턴해 속력을 냈습니다. 거추장스런 경찰차를 벗어나 개운하다는 생각이 드는 순간, 갑자기 내 차 뒤에서 사이렌 소리가 들리는가 싶더니 경찰차 모습이 백미러에 비치는 것입니다. 그러면서 동시에 '앞에 가는 차는 도로 옆에 세우시요'라는 확성기 소리까지 들려오는 것입니다. 설마 내 차인가 싶어 고개를 좌우로 돌려보았지만 그 넓은 도로에 정말 내 차밖에 없었습니다.

부랴부랴 도로 한쪽에 차를 세우고 나자 경찰관 한 명이 내리더니 신호를 위반했다면서 면허증을 제시하라는 것입니다. 낮도깨비에 흘려도 유분수지, 내가 언제-하고 생뚱맞다는 표정을 짓자 이 교통경찰이 금세 물러가는 것입니다.

'그럼 그렇지 내가 언제 신호를 위반해 이래 봐도 나 교회 다니는 사람야-' 하면서 으쓱 양어깨를 들썩였는데, 사라졌던 경찰이 동료까지 데려와서는 빨간 신호등에 불법 유턴을 했다고 우기는 겁니다.

대략 빨간 불일 때 유턴을 하는 데가 많은 탓에 '그래서 뭐가 잘못된 것이냐'고 재차 따졌더니 거긴 빨간불과 좌회전 신호가 함께 들어와야 유턴이 가능한 곳'이라는 겁니다. 참 대략난감할 수밖에요. 그렇다고 신호위반 딱지 6만 원짜리 끊으라고 덥석 운전면허증 내놓을 수도 없었습니다. 그래서 이번엔 죽는 소리로 멘트를 바꿨습니다.

'좀 보쇼. 내가 범칙금 못 내서 안달하는 놈이 아닌 이상 교통경찰관이 타고 있는 차 꽁무니서 신호위반하겠습니까. 습관대로 빨간불이어서 유턴한 것인데-'.

그래도 소용없었습니다. 내 삼촌이 경찰서장이래도 안 먹힐 것 같았습니다. 그도 그럴 것이 단속차량 비웃듯, 경찰차 꽁무니서 보란 듯이 불법을 자행한 꼴이 돼 버렸는데 언감생심 예쁘게 봐 주겠습니까. 별 도리 없이 이날 딱지를 떼고 말았습니다. 그나마 정상참작 조금 돼서 절반 이하로 범칙금이 낮아지긴 했지만 말입니다.

하늘 가는 길도 자칫 신호 한번 잘못 봤다가는 범칙금은 고사하고 완전히 엉뚱한 곳으로 빠지는 수도 있을 것입니다. 작은 신호 하나라도 잘 지키는 게 교인다운 품위유지에 속할 수 있다는 생각, 이번에 다시 하게 됐습니다.

'야광귀'(夜光鬼)를 아시나요

혹시 '야광귀'(夜光鬼)를 아시나요.

소싯적 섣달그믐밤이 되면 토방에 있던 신발을 안방으로 들이고, 대신 사립문에 '체'를 걸어 두던 일이 생각납니다. 교회를 다닐 때였는데도 불구, 어린 맘에 낮에 들은 이야기가 생각나 꼭 그렇게 해야 할 것 같아 부모 몰래 그런 적이 있었습니다.

그런데 그 이유를 안 것은 성년이 다 돼서였습니다. 섣달그믐밤에 일찍 자면 눈썹이 희어지고, 그 희어진 눈썹으로 낮에 돌아다니면 낮도깨비가 잡아간다는 말. 하지만 야광귀는 처음 듣는 소리였습니다. 나중에 옆집 할머니가 알려 주었는데, 야광귀라는 놈이 밤에 와서 토방에 있는 신발을 신어 보고 자기 발에 맞는 것을 가져가면 그 신을 잃어버린 사람은 1년 내내 재수가 없다는 겁니다. 그래서 신발을 꼭꼭 감춰 둬야 한다는 겁니다.

체를 대문에 걸어 놓는 것은 야광귀는 숫자 세는 것에 약해서(?) 구멍이 송송송 수백 수천 개 뚫려 있는 체 구멍을 세다가 틀려 다시 세고, 또 다시 세고-. 그러다 새벽 닭 소리가 들리면 대문에서 달아난다고 합니다.

오늘 밤, 고향집 근처 하천변에서는 동네 꼬마들이 모여 불 깡통을 돌리며 쥐불놀이로 밤을 밝힌 뒤, 배가 출출해지면 동네 집을 돌며 밥을 훔치기도 할 것입니다. 어른들도 삼삼오오 모여 척사대회(윷놀이)를 하면서 나이를 잊을 것이고, 농사꾼들은 밥상에서 무김치를 내려놓을 것입니다. 보름날 무김치를 먹으면 모내기 할 때 거머리보다 훨씬 무서운 '고자리'에 쏘인다는 풍습 때문입니다.

엊저녁 오곡밥에 각종 나물을 먹고, 오늘 아침 부럼까지 깼다면 보름행사 절반은 잘 치른 셈이 됩니다. 이제 해거름 전, 연날리기를 하다가 그 끈을 끊어 버려 묵은 연(년?) 시집보내고 밤이 되면 달집태우기를 하면서 소원을 빌면 됩니다. 다 미신행위라고 터부시한다면야 '허 허 허' 웃고 말 일이지만 오랜 전통행사라고 보면 나름대로의 의미도 찾을 수 있을 것입니다. 실제로 보름이 막 지나면 농사꾼들은 이제부터 새해 농사준비를 시작하게 됩니다. 우선 농기구들을 손질하고 볍씨를 교환해 놓으며 두렁을 태워 해충을 없애는 시기가 이때이기 때문입니다.

오늘은 정월 대보름. 우리 님들도 '휘영청 밝은 보름달' 보면서 소원을 빌어 보면 어떨까요. 물론 우리의 소원이야 하나같이 건강한 믿음으로 하늘나라에 가는 것이지만 말입니다.

서랍 속의 머리 염색약

얼마 전, 생전 처음으로 머리 염색약을 샀습니다.

팔순이 가까운 노모는 아직도 머리가 새카만데 50줄도 못된 그 아들은 벌써 옆머리가 하얗게 세 버려 볼썽사납게 돼 버린 까닭입니다. 그런데 막상 염색약을 바르려니 별별 생각이 다 들었습니다. 우선은 늙는 모습을 감추려는 애절(?)한 행위 같아서 싫었고, 두 번째는 자연 그대로의 모습이 낫지 않을까 싶어서였습니다.

또 한편으로는 이러다 습관이 되지 하는 생각도 들었고, 호박에 줄긋는다고 수박 되나 하는 심정도 없지 않았습니다. 그러면서 정말 내가 머리에 염색할 나이가 됐구나 하는 감정도 복받쳐 나왔습니다. 아직 염색약은 내 책상 서랍에 있습니다. 외출 때 한번 발라 봐야지 하면서도 선뜻 시행하지 못하고 있는 것을 보면 스스로도 내 현실을 인정하고 싶지 않은가 봅니다.

'한 손에 가시 쥐고 또 한 손에 막대 들고 늙는 길 가시로 막고 오는 백발 막대로 치려 했더니 백발이 제 먼저 알고 지름길로 오더라'(우탁 1262 - 1342)는 시조처럼 이젠 나도 내 힘으로는 어쩔 수 없는 그런 세대에 서 있는 듯싶습니다. 곱게 늙자던 애초의 다짐이 이젠 안 늙겠다는 심정으로 변절이 된 기분도 듭니다. 아직 대지는 싹도 틔우지 않는 계절인데-. 내 마음은 하얀 새치 머리카락이 다시 검은색으로 변했으면 하는 욕심뿐입니다. 어쩌다 주워들은 검은 콩 그리고 김, 다시마가 머리카락에 좋다는 소리는 왜 그리 잘 기억하고 있는지.

어느 날 염색약을 바르기 전 아내한테 물어볼랍니다. 당신은 센 머리도 괜찮겠냐고-. 마누라와의 약속 '검은 머리 파뿌리 되도록 사랑하며 살겠다'는 결혼식 때의 그것이 아직 유효한지 말입니다. 서랍 속의 염색약. 정말 작은 병 하나가 가끔씩 내 마음을 싱숭생숭하게 합니다.

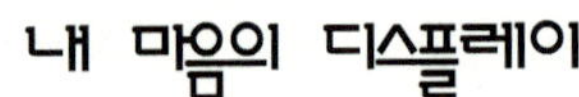

내 마음의 디스플레이

내 사는 주변에 대형 마트가 하나 있습니다.

각종 물건도 좋을 뿐만 아니라 값이 싸서 종종 이용하곤 합니다. 주차 시설은 물론 종업원들도 친절해 이용하는 데 전혀 문제가 없습니다. 그런데 가끔은 아무 볼일도 없으면서 이곳을 가게 됩니다. 매장 디스플레이를 구경하기 위해서입니다.

크리스마스 때와 새해 명절, 그리고 밸런타인데이 때 화려한 변신을 시도했던 매장 디스플레이는 요즘 들어 새 봄 냄새가 물씬 밴 모습으로 새 단장이 됐습니다. 더군다나 신학기를 맞아 학생들을 위한 학용품 전시장 같은 매장 분위기는 보고 또 봐도 신기하기만 합니다. 날 다른 때 혹은 명절과 계절이 바뀔 때 그 마트를 찾아가 보면 영락없이 새로운 모습의 디스플레이를 볼 수가 있습니다. 물론 하나라도 더 많은 물건을 팔기 위한 상술이라는 것을 알지만 고객의 눈높이에 맞춰 그 많은 시간과 돈을 들여 매장을 새로 꾸며 놓는 것을 보면서 내 마음을 한 번씩 들여다보게 됩니다.

강산이 몇 번 바뀔 만큼 살아왔지만 그때마다 내 마음의 디스플레이는 얼마나 해 봤는지 되돌아보게 된다는 것입니다. 내가 자주 가는 대형 마트 외향은 수년째 그대로지만 그 안의 모습은 수시로 바뀌고 있는데 거꾸로 내 외향은 잘 꾸미려고 했지만 마음 가꾸는 일에는 참 소홀했었다는 자책이 들기도 합니다.

머리가 조금만 길어도 이발소를 찾고 1주일에 한 번은 대중탕을 찾아, 겉의 때를 다 벗겨야 시원하고 철 따라 새 옷을 입고, 구두는 바꿔 신었지만 정작 갈고닦아야 할 내 마음은 방관한 채 오늘에 이르고 있었습니다. 변화 없는 삶은 퇴보하는 것과 다름없습니다. 대형 마트가 생존을 위해 수시로 매장 분위기를 바꾸듯 우리의 삶도 더 나은 미래를 위해 마음부터 바꾸는 생활이 자리 잡아야 할 것입니다.

새 시간

새 날

새 봄엔 우리 마음을 하나같이 새롭게 '디스플레이'해 아름다움을 되찾았으면 합니다. 우리의 변화된 모습을 보면 아마 예수님도 참 좋아하실 것입니다.

미식가들 중에는 계절에 반(反)한 음식 먹기를 좋아하는 이들이 있습니다. 가령 한겨울에 먹는 아이스크림이 그렇고, 여름에 땀을 뻘뻘 흘리며 먹는 설렁탕과 곰탕이 그렇습니다. 냉면 역시 겨울에 먹어야 제맛이라고 말하는 이들이 적지 않습니다.

오늘 오전, 볼일 차 인천에 갔다가 모처럼 화평동 냉면골목을 찾았습니다. 동인천역 광장에서 도보로 5분 정도 걸어가면 만날 수 있는 냉면골목은 '세숫대야' 냉면으로 유명합니다. 지금은 경인 선 철길이 확장되면서 골목 한쪽 집들이 다 철거되는 바람에 열서 너 집만이 남아 그 명맥을 이어가고 있지만, 한때는 80여 가게가 빼곡했던 유명한 냉면골목이었습니다. 하지만 예나 지금이나 맛과 가격은 변하지 않고 있습니다.

처음 냉면골목에 온 사람들은 여러 번 놀라 자빠져야 합니다. 우 선은 주문을 하고 나면 그 상차림에 깜짝 놀랍니다. 세숫대야만 한 그릇에 냉면을 잔뜩 담아 와, 나눠 먹으라 하겠거니 생각하고 있을 즈음, 그것이 1인분이라는 사실을 알고는 다시 놀라게 됩니다. '내가 식충이냐'고 소리치고 싶어 주방 쪽을 보다가 '추가 사리는 공짜'라는 글귀엔 할 말을 잃어버리게 됩니다. 그리곤 한 젓가락씩 입에 물다 보면 어느새 세숫대야만 한 그릇 바닥이 보이면서 자신의 위대(?)함을 발견하고 새삼 놀라게 됩니다.

마지막으로 놀랄 일은 계산대 앞에서 기다리고 있습니다. 냉면 값이 3천 5백 원에 불과하기 때문입니다. 그 양과 맛에 비하면 아무리 짠돌이로 소문난 이들도 터무니없이 싼 가격이라고 이구동성 합니다. 인천에 갔다 옛 생각이 나 잠시 들러 늦은 점심으로 먹은 세숫대야 냉면 -.

정말 계절에 반하는 음식 같았지만, 그 맛과 추억은 상큼한 봄빛을 축내지 않을 만큼 신선했습니다.

세숫대야 냉면 -. 정말 재미있지 않습니까.

살아가는

이야기 ③

역지사지(易地思之)

역지사지(易地思之)라는 말이 있습니다.

이 말 뜻은 '처지를 바꾸어서 생각한다'는 것입니다. 처지를 바꾼다는 것은 바로 남의 입장이 돼서 생각하고 행동한다는 뜻이기도 합니다. 사주(社主)는 종업원인 양, 종업원은 사주의 입장에서 서로를 생각하면 노사분규가 있을 수 없을 것입니다. 또 부모는 자녀의 입장에서, 자녀는 부모의 마음을 헤아릴 줄 안다면 효(孝)와 애(愛)가 바로 설 것입니다. 이 같은 원리는 교회 내에서도 마찬가지입니다.

그런데 이런 원리가 또 잘 적용되는 경우가 있습니다. 평소 '중화요리집'을 비속어인 '짱개 집'으로 부르던 한 젊은이가 어느 날부터 '언어의 순화'?가 이뤄진 것입니다. 습관처럼 짱개 집이라고 말을 꺼냈다가는 급히 그 말을 주어 담은 뒤 중화요리집이라고 번복하고, 철가방이라는 표현 대신 배달통으로 자꾸 의식적으로 고쳐 부르는 것입니다.

　이상하다 싶어 가만 생각해 보니 금세 그 이유를 알 것 같았습니다. 이 친구가 요즘 들어 중화요리집 주인 딸과 목하 연애 중이었기 때문이었습니다. 속담에 '아내가 예쁘면 처갓집 말뚝 보고도 절한다'고 중화요리집 딸과 연애를 하기 시작하면서 '짱개집'이 쏙 들어가 버린 것입니다.

　타락한 인류가 예수님 마음을 헤아려 몸과 마음을 회개하고 주님 앞에 순종했더라면 이 땅은 벌써 천국으로 변했을 것입니다. 하지만 죄악으로 물들여진 인간은 회개 대신 고집만 내세웠습니다. 예수님 마음을 헤아리려는 역지사지(易地思之)가 전혀 없었던 것입니다. 때문에 십자가 사건 이후에도 인류는 회심 대신 죄에 악을 덧칠하고 주님의 마음을 더 슬프게 하고 있습니다.

　오늘이라도 우리는 역지사지의 마음으로 돌아가 피멍이 든 주님의 가슴을 헤아려 보아야 할 것입니다. 그 마음을 알진대 어찌 우리가 회개하지 않을 수 있으며 주님 앞에 무릎을 꿇지 않을 수 있겠습니까. 역지사지 - . 이번 안식일엔 다시 한 번 되새겨 봤으면 합니다.

은어(隱語) 1

요즘 젊은이들의 대화를 듣다 보면 낯선 단어들이 자주 나옵니다. 더군다나 전화 문자 메시지는 외래어를 보는 것처럼 이해할 수 없는 단어들로 채워져 있을 때도 많습니다. 한 시대를 같이 공유하면서도 도시 알아듣고, 알아볼 수 없는 말들이 있다는 게 신기하기만 합니다. 세대차이라고만 할 수 없는 그 무엇이 있기 때문입니다.

이런 말들을 두고 우리는 '은어'(隱語)요, 속어라는 표현으로 분류합니다. 그런데 알고 보면 속어와 은어는 유사 이래로 존재해온 '언더문화(?)' 중 하나에 속한다는 것을 알 수 있습니다. 이 중 대표적인 것이 산중 언어로 통하는 절집의 은어입니다. 가식과 위선이 느껴지기도 하지만 그 장난기 넘치는 재치가 절로 미소를 짓게 하기도 합니다.

낯선 단어들 때문에 처음 듣는 이들에게는 무슨 뜻인지 감도 잡기 힘들지만 그 내용을 알게 되면 재미가 배가 되기도 합니다. 가령 숱한 계율을 피해 가기 위해 그들만이 알아듣고 함께 움직이게 하는 이런 은어들 중에는 금기 음식과 관련된 것들이 유독 많습니다.

예를 들면 절집에서는 고깃국을 반야탕(般若湯)이라고 부릅니다. '반야'는 지혜를 뜻하는 범어인데, 결국 먹지 말라는 금기를 오히려 '반야'로 부르며 몰래 먹는 것이 꼭 에덴동산에서 유일한 금기였던 선악과를 따 먹는 하와를 연상케 합니다. 육고기와 부월채 역시 고기를 상징하는데, 부월채(斧 도끼부, 鉞 도끼월, 菜 나물채)는 큰 도끼와 작은 도끼로 잘 저며서 만든 나물이라는 뜻입니다.

또 술은 '곡차'나 '단청불사'(취하면 얼굴이 울긋불긋해지기 때문)로, 낮잠은 와선(臥禪), 화장실(해우소)은 '홀로선방', 화투놀이는 '화엄법회', 피자는 '서양 떡', 삶은 계란은 '찐 감자' 오징어와 문어는 '오처사'와 '문처사'로 돌려 부릅니다. 오씨 성이나 문씨 성 가진 이들이 착각하기 꼭 좋은 말들입니다.

국수를 좋아하는 스님들은 국수만 보면 미소가 나온다고 해서 국수는 승소면(僧笑麪)이라고 부릅니다. 머리카락을 '무명초'라 호칭하는 것도 재미있고, 야한 비디오를 보러 갈 때 '안과에 가자'고 하는 표현은 배꼽을 쥐게 합니다. '엎어 냉면'은 편육을 냉면 그릇 밑에 깔아 외부에서는 고기가 보이지 않게 한 것이고 '오비콜라'는 OB맥주(OB에서는 콜라를 생산하지 않음)를 일컫는 말입니다. '과자'는 안주를 뜻하고, 복숭아는 여성의 가슴을 상징하는 은어랍니다.

'향공양'은 담배를 피우자는 뜻이고, 축구나 배구 등 운동을 할 때는 '울력'하러 간다고 합니다. 울력은 절집에서 농사일이나 김장 등을 할 때 함께 일하는 것입니다. 은어 ─. 숨은 말이어서인지 그 말이 세상으로 드러날 때마다 미소 반, 회의 반이 함께 들기도 합니다.

고무신

재래시장에 들렀더니 한편에서는 아직도 고무신을 파는 곳이 있었습니다.

하얀 고무신에 꺼먹신(검은신), 그리고 아이들 고무신까지-. 여기에다 청색 신까지 가지런히 놓여 있는 그 모습을 보는 것만으로도 환한 미소가 났습니다.

내 어렸을 적, 그땐 고무신 한 켤레로 1년을 나던 때가 있었는데, 지금은 내가 가지고 있는 신발 종류만도 십여 가지가 넘는 것 같습니다. 구두도 의상에 맞춰 신을 만큼 색상이 다양하고 여기에다 등산화와 조깅화 운동화 슬리퍼 실내화까지 더하니 금세 열 켤레가 넘습니다.

이런 신발 중에서도 고무신을 보면 마음이 설렙니다. 왜냐면 고무신은 '검약'과 '무소유'의 상징이기 때문입니다. 출가자들이 제일 먼저 하는 일 중에 그동안 신었던 신발을 벗어 던지고 고무신으로 갈아 신는 것이라고 합니다. 이제부터는 걸어가야 할 길이 세속과 다르다는 것을 알리는 상징으로 그런다고 합니다. 고무신 한 켤레로 만족한 삶을 산다면 그 누가 부질없는 욕심을 부리겠습니까.

신발과 관련된 말 중에 조고각하(照顧脚下)라는 것이 있습니다. 이 말 뜻은 '신발을 벗고 나면 마루에서 다시 뒤를 돌아본다'는 뜻으로, 신발이 잘 놓여 있는지 살피라는 것입니다. 즉 사소한 일일지라도 스스로 돌아보라는 일종의 수행 메시지입니다. 과거 태백 탄광촌에서 일하던 광부들이 집에 돌아오면 신발 '코'를 꼭 집 안쪽으로 벗어 놓았다고 합니다. 탄광 사고로 죽는 이들이 많아지면서 이 습관이 풍속으로 자리매김된 것인데, 이 속에는 일 나간 남편이나 아버지가 다시 꼭 집으로 돌아오라는 뜻이 포함돼 있어 가슴을 뭉클하게 합니다.

신발-

단순히 발만 편하면 된다는 요즘의 생각과는 달리 과거는 우리 삶의 일부였고 부와 명예의 상징이기도 했었습니다. 작은 것일지라도 그 속에서 뜻을 찾고 길을 찾았던 옛 사람들의 모습에서 '발'보다는 '마음'이 편한 느낌을 갖게 됩니다. 마음을 다스리는 수행이 애써 마음을 안정시키려고 노력할 것이 아니라, 본래의 마음을 어지럽히지 않도록 하는 것이 더 올바른 것처럼 우리의 삶도 높은 것만 바라보지 말고 낮은 신발의 위치서부터 생각해 나갈 때 마음이 편안해질 수 있지 않을까-. 오늘 한번 깊게 생각해 봤습니다.

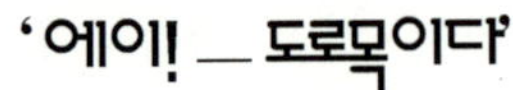

'에이! ─ 도로묵이다'

고려 때의 일이라고 합니다.

갑작스런 외적의 침입으로 왕이 궁궐을 버리고 피난을 가게 되었습니다. 왕과 신하들은 황망히 궁을 빠져 나온 터라 음식이나 옷가지가 엉망이었습니다. 적군의 추격대를 피해 겨우 안전한 곳에 도착은 했지만 때가 되면 먹을 것이 없었습니다. 신하들이 싸 온 음식은 이미 떨어진 지 오래고 주변에서 먹을 것을 구하기도 쉽지 않았습니다.

난리통에 빈집이 많았기 때문입니다. 왕 일행은 며칠을 더 걸어가던 중 어떤 조그마한 어촌에 도착하게 되었습니다. 하지만 이곳 역시 워낙 궁벽한 마을이라 먹을 것이 여유로울 턱이 없었습니다. 영락없이 모두가 굶게 된 판국이었는데, 마침 이 마을 촌로(村老)가 먹을 것을 가지고 왔습니다. 명색이 나라님의 행차인데 그냥 말 수 없다며 미천한 백성들이 먹는 것이지만 이것을 반찬으로 식사를 하시라며 처음 보는 생선을 내놓았습니다.

그 생선을 먹은 왕은 너무나도 맛이 훌륭하게 느껴져서 이렇게 맛있는 생선은 처음이라면서 그 이름이 무엇이냐고 물었습니다. 촌로는 특별한 이름은 없고 다만 마을에서는 '목'이라고 부른다고 대답하였습니다. 이 말을 듣고 왕은 이렇게 맛있는 생선에게 목이라는 이름은 가당치 않다면서 '은어'라는 예쁜 이름을 내려 주었습니다. 그 뒤 전쟁이 끝나고 다시 환도(還都)를 하게 된 왕은 어느 한가한 날 피난 때 어촌에서 먹었던 생선이 생각나 요리해 올리라고 명했습니다. 당시의 그 맛을 잊을 수가 없었던 것입니다.

왕의 명을 받은 요리사는 온갖 솜씨를 뽐내며 생선을 조리해 수라상에 올렸습니다. 하지만 피난 때의 맛을 생각하고 생선을 먹어 본 왕은 너무나 형편없는 맛에 크게 실망하고 말았습니다. 피난 때 지치고 배고픈 상태에서 먹었을 때는 그렇게 맛있었는데 평안한 궁궐에서 온갖 진수성찬을 먹고 지내는 까닭에 지금 먹은 생선은 그 맛이 아니었던 것입니다.

왕은 실망하여 다시 명령을 내렸습니다.

'은어라는 이름은 가당치도 않다. 다시 이 생선 이름을 목이라고 부르라'

이후부터 사람들은 '도로 목'이 된 생선이라 하여 도로목이라고 불렀으며 이것이 변하여 도루묵이 되었다는 것입니다. 이 이야기는 조선 후기에 이의봉이 지은 '고금석림'에 전해지고 있습니다. 민간에서는 조선 인조가 이괄의 난을 피해 피난을 갈 때 있었던 일이라고 말하기도 합니다.

은어가 됐다 다시 도로묵이 돼 버린 생선. 그 물고기가 말을 할 줄 안다면 그 입에선 어떤 말이 튀어 나올까요. 한마디로 도로아

미타불이 돼 버린 도로묵이지만 그냥 웃고만 지나갈 수 없는 까닭
은 우리의 신앙도 도로묵처럼 될 수도 있다는 걱정 때문입니다.
도로묵이 되지 않도록 내 심신을 단속하는 작업차원에서 오늘은
구석구석 점검해 보았으면 합니다.

고향 교회의 꽃 베트남 식구들

신짜오(xin chao 안녕하십니까)

핸 갑 라이(Hen gap lai 또 만납시다)

럿 깜 언(Rat cam on 대단히 감사합니다)

영어도 아닌 것이, 중국어도 아닌 게 알아듣기가 정말 힘든 말입니다. 그런데 내 고향 교회 식구들은 이 중 한두 마디씩은 알아듣고 말도 할 줄 압니다. '신짜오' 하고 인사하면 아침 환한 햇살만큼이나 함박웃음을 띠고 '신짜오' 하고 대답해 오는 이는 바로 베트남서 시집온 색시들입니다.

내 고향 시골교회에는 베트남서 시집온 색시들이 네 명이나 됩니다. 지금은 모두 아들 딸 등 자녀까지 두고 있어 교인 수 증가에도 큰 몫을 해 주고 있습니다. 하지만 이들의 참면모는 '신선한 산소'와 같다는 것입니다. 안식일학교 순서 때는 더 그렇습니다.

지난주 안식일학교 순서는 베트남 식구들이 맡았습니다. 기도와 간증, 특창까지 말입니다. 이 중 시집온 지 7년째가 되는 맏언니는 얼마 전 세탁소까지 개업해 명실상부한 여사장님이 되었습니다. 그 언니가 아직은 어눌한 한국어로 간증을 했습니다. 그런데 적어 온 내용 중 어려운 글자가 나올 때마다 더듬거리더니 끝내는 불평을 쏟아 놓았습니다. 남편 글씨가 너무 '악필'이라는 것입니다. 도시 알아볼 수가 없다는─. 그러자 남편도 질세라 맞장구를 칩니다.

'여보 그건 내가 쓴 게 아니라 엄니가 썼잖아.'

이 소리를 듣고 우린 다 엎어(?)졌습니다. 순식간에 안식일학교 는 웃음바다가 됐고, 그 중에는 배꼽을 쥐고 뒹구는 이도 있었습 니다. 발표하던 언니만 무슨 영문인지 몰라 얼굴만 벌개 있었는데, 이 모습 또한 웃음을 그치지 못하게 했습니다. 한참 만에 겨우 수 습된 안식일학교 순서였지만 지금까지도 그 생각만 하면 웃음이 나서 참을 수가 없습니다. 차를 타고 가다가 혹은 사무실 사람들 앞에서도 비시비실 웃다가 몇 번이나 지적을 받기도 했습니다.

타향도 아닌 타국에 시집와서 겪는 우여곡절이 얼마나 많겠습니 까. 하지만 신앙 안에서 서로가 위하고 의지하면서 사는 그녀들의 모습을 보는 것만으로도 우리는 '럿 깜 언'이란 말이 튀어나옵니 다. '대단히 감사하다'는 말입니다. 이들과 함께 예배를 드릴 수 있다는 것만으로 우린 정말 감사하답니다.

하늘에선 다 보여요

서울 하늘 아래서 난 지금 충청도 고향집을 보고 있답니다. 텔레비전 이야기도 아니고, 찍어 놓은 사진을 보고 있는 것도 아닙니다. 그렇지만 분명 나는 고향집 지붕색깔과 문전옥답의 두렁까지도 확인할 수가 있습니다. 바로 위성사진 덕분입니다.

우리 마을 앞 도로를 지나가는 자동차도 볼 수 있고 밭에 있는 비닐하우스도 몇 동이 들어서 있는지 쉽게 셀 수가 있습니다. 사진을 찍어 놓은 것처럼 선명한 이 인쇄물은 사무실 컴퓨터로 인쇄한 것입니다. 인터넷 주소창에 '콩나물'(congnamul)을 치면 사이트가 나오고 그 홈페이지에 들어가 찾고자 하는 곳의 주소를 치면 누구나 위성사진을 볼 수가 있습니다. 회원으로 가입하고 약간의 돈만 내면 위성사진 인화 서비스도 가능합니다.

언젠가 미국 군사 위성이 자동차 번호판까지 읽을 수 있고 최근 것은 야외에서 읽고 있는 신문 제목까지 확인할 수 있다던 뉴스를 접한 것 같은데ㅡ. 내가 그처럼 선명하지는 않지만 우리 집 지붕

색과 논두렁까지 확인 가능한 위성사진을 인화할 수 있다는 게 정말 신기합니다. 그러면서도 한편으론 두렵기까지 합니다. 인간이 만든 기계가 이럴진대 하나님의 '영안'(靈眼)은 우리 속마음까지 꿰뚫고도 남음이 있다는 걸 새삼 실감하게 되기 때문입니다. 죄를 짓고도 자신만 아는 비밀이라고 말하고 싶다면 위성사진을 한번 인쇄해 보았으면 합니다.

내 집

내 차

내 다니는 길까지 선명하게 나오는 위성사진을 보고 있자면 꼭 내가 지금까지 지은 '죄의 흔적'을 보는 듯한 착각에 빠지곤 합니다. 옛 어른들 말씀 중에 '하늘이 알고 땅이 안다'고 하셨는데 그 이유, 아니 그 증거를 이번 위성사진을 보면서 알게 됐습니다.

하늘에선 다 보입니다.

우리의 죄까지도 말입니다.

이리 감사 저리 감사

살다 보면 감사할 조건들이 참 많습니다.

잠깐 차를 운전하면서 시내를 돌아다녀도 '아-차' 싶을 때가 종종 있는데, 그때마다 무사함을 입어 참 감사합니다. 시한폭탄과 같은 자식 놈이 오늘도 사건 안 일으켜서 감사하고, 이웃들과 허물없이 지낸 하루가 감사하기도 합니다. 식탁 위에 놓여 있는 간식거리도 감사할 조건이고 아름다운 계절은 여전히 감사할 일입니다. 어느 장애인 구호 단체에 걸려 있는 '얻어먹을 수 있는 힘만 있어도 주님의 은총이다'는 문귀는 감사라는 단어를 실감나게 합니다.

그런데 이런 감사할 조건들에도 불구하고 우린 '감사'라는 생각 대신 당연한 일들로만 여기고 살아가는 경우가 많습니다. 대신 조그만 '일탈'이라도 생기게 되면 원망과 한숨이 이어집니다. '왜 하필 그런 일이 내게-'라며 자조하고 실망한다는 것입니다. 감사할 일은 당연한 일이고, 나쁜 일은 유독 나한테만 일어나는 불상사라는 생각이 짙어질수록 '사는 맛'이 씁쓸해집니다.

지난주 교회에 갔을 때 고희를 넘긴 한 장로님의 간증이 있었습니다. 최근 양쪽 눈에 생긴 백내장 수술을 잘 마친 장로님은 평생 쓰고 다니던 안경까지 벗어 던지고 이젠 근거리는 물론 먼 곳에 있는 것까지 훤히 보인다며 신이나 생활하고 계신 분입니다. 남들은 안경을 써도 잘 안 보인다고 할 연세에 수십 년간 쓰고 다니던 안경을 벗어 던졌으니 얼마나 홀가분하겠습니까.

젊어서부터 안경을 쓰고 다니신 덕분에 자칭 타칭 '안경잡이'라는 별명을 가지고 있던 이 장로님은 이날 간증에서 '안경잡이'였었던 아무개입니다로 입을 뗀 뒤 간증 중간 중간마다 '이리 감사 저리 감사'라는 말씀을 계속하셨습니다. 눈이 잘 안 보였을 때는 안경을 주셔서 '이리 감사'하고, 나이 들어 백내장 수술을 한 뒤 안경까지 벗어 던질 수 있어 '저리 감사'하다는 이 장로님의 말씀을 들으며 정말 살아 있다는 자체가 감사한 일임을 절감하게 됐습니다.

생각해 보면 '이리 감사하고 저리 감사'할 일이 얼마나 많습니까. 이젠 원망과 욕심, 시기 질투라는 가리개를 벗어 던지고 이리 감사 저리 감사하며 살 수 있는 여러분과 내가 되었으면 좋겠습니다. 이 글을 쓴 나도 감사하고, 읽을 수 있는 여러분도 감사한 것처럼 말입니다.

구충제 먹을 때 아닌가요?

70 - 80년대까지만 해도 약사들은 봄가을에 걸쳐 한 번씩 구충제를 복용하라고 권고했었습니다. 이 시기에 구충제를 먹으면 기생충을 박멸하는 데 효과적이라는 게 그 이유였던 것 같습니다. 이런 영향 탓인지 봄가을이 되면 구충제를 먹는 게 습관처럼 돼 버렸습니다. 그러나 요즘은 위생상태가 좋아지고 인분(人糞)으로 채소를 재배하는 일이 없어지면서 회충도 거의 사라져 굳이 구충제를 먹지 않아도 된다고 합니다.

대신 확실한 기생충 예방 및 치료를 위해서는 정기적인 구충제 복용보다 1년에 한 번 정도 기생충 검사를 받아 보는 것이 더 좋다고 합니다. 기생충 검사는 동네 소아과의원에서 쉽게 할 수 있는데, 회충이나 십이지장충은 대변검사로, 요충은 잠잘 때 항문에 비닐테이프를 붙이는 방법으로 간단하게 검사할 수 있다고 합니다. 이 외에도 성인들에게 생길 수 있는 간흡충, 폐흡충균은 피부반응 검사나 전문 균 검사로 알 수가 있답니다.

그러나 바쁘게 살다 보면 병원을 찾는 일이 쉽지가 않습니다. 더군다나 기생충 검사를 받겠다고 일부러 병원에 가는 일은 더 그렇습니다. 그러자니 값싸고 복용하기 간편한 구충제 한 알 먹는 것이 가장 편할 수가 있습니다. 봄가을에 구충제를 사다 식구끼리 나눠 먹는 것이 습관화되다시피 한 것도 다 이 같은 이유 때문일 것입니다.

초등학교 다닐 때 해마다 대변검사를 하고 나면 으레 한 움큼씩(?) 되는 구충제 약을 받아 먹던 아픈 기억이 있는 터라 지금도 봄가을이 되면 회충약을 꼭 먹어야 한다는 강박관념이 없잖아 있습니다. 올봄에는 벼르고 벼르다 그예 약 한 알 사다 먹었습니다. 혹시나 있을지도 모르는 기생충을 박멸하기 위해서였습니다.

우리는 살다 보면 자신도 모르게 죄를 짓기도 합니다. 아니면 내 안의 빈틈에 마귀의 씨가 들어와 기생하고 있을지도 모릅니다. 바로 '믿음의 구충제'가 필요하다는 증거입니다. 이런 죄악의 씨를 털어 내기 위해서는 봄가을에만 구충제를 먹어서는 안 됩니다. 수시로 약을 복용해야 하는데 그 약은 구충제가 아닌, 성경 '신약과 구약'일 것입니다. 오늘도 빠짐없이 SDA표 구충제 한 알씩 먹고 죄악의 씨까지도 다 털어 내 버리면 몸도 마음도 가뿐해질 겁니다.

샤진(?) 참 잘 나왔네요

사무실서 공용으로 사용하는 승용차가 한 대 있습니다.

최근 출시된 '디젤 프라이드'가 그 주인공입니다. 터보 엔진을 장착하고도 연비는 타의추종을 불허할 정도로 좋아 이 차를 타 본 사람들은 입이 벌어집니다. 특히 고속도로나 언덕길에서 터보 엔진으로 치고 올라가는 파워는 이 차가 소형차가 맞는지 의심이 들 정돕니다. 최고 속도도 바늘이 200킬로 근처를 가리키기까지는 눈 깜짝할 사입니다. 이 덕분에 사무실에서는 자주 옥신각신하는 일이 생깁니다. 얄궂은 통지서(?) 때문입니다. 차가 잘 나가다 보니 자신도 모르게 '과속'과 동행하게 되는 까닭입니다.

'귀하의 차량이 무인단속장비(고정식)에 의해 아래와 같이 적발되었기에 그 사실을 통보합니다'

위반차량: 09모0000

차종: 프라이드

위반장소: 서울외곽순환도로 35.7킬로미터(의정부 - 구리)

위반일자: 2007년 03월 20일 18시 56분 21초

위반내용: 도로교통법 제17조 제3항 속도위반

(제한속도 100 주행속도 120 초과속도 20)

의견진술기간: 2007년 04월 05일까지며 처리 절차는 뒷면에 상세히 기재되어 있으므로 반드시 읽어 보시고 처리받으시기 바랍니다.

A4 용지에 차량 번호판(좌)과 운전자 사진까지 나온 이 통지서가 사무실에 배달이 돼 오면 모든 직원들이 서로 빼앗다시피 읽고 보고 한 뒤 '아 - 아무개 맞네' 하고 최종 확인을 하게 됩니다. 그런데 희미한 사진과 위반한 지 열흘 넘어 날아온 통지서를 보곤 금방 그 범법자(?)를 알아내긴 쉽지가 않습니다. 정작 당사자까지도 내 사진이 아니라고 발뺌부터 하는 판국이니 말입니다. 그도 그럴 것이 벌금 통지서가 자주 날아오자 위반자가 직접 벌금을 내기로 사무실 방침이 바뀌었기 때문에 더 그렇습니다. 그럴 땐 관할경찰서에 연락해 선명한 사진을 요구하면 됩니다. 이때 배달된 사진을 보면 정말 가관입니다. 꼭 증명사진처럼 선명하게 나와 있기 때문입니다.

잘 나온 자신의 사진을 보면서 머쓱해진 동료를 향해 우리는 입을 모아 위로의 말을 전하지 않을 수 없습니다. '사진 참 잘 나왔네요'.

1년 반 만에 만난 아들놈

오늘 점심 때, 꼭 1년 반 만에 필리핀서 돌아온 아들놈을 만났습니다.

먼발치서 손을 흔들며 달려오는 아들을 보자니 가슴이 뭉클했다가도 금세 잔소리부터 나옵니다. '머리는 그게 뭐니 좀 짧게 자르지. 옷도 단정한 것으로 입고 –' 만나자마자 듣는 잔소리에도 녀석은 '웃음' 한 모금 보태면서 말합니다.

'그동안 아부지 잔소리 못 들어서 귀가 이상했었는데, 이제야 멀쩡해졌네요.'

애(愛)도 연(戀)도 많고, 원(寃)과 한(限)도 많은 게 부모 자식 사이라는 것을 잘 알지만 아들놈을 만날 때면 반가움과 함께 가슴 짠한 그 무엇이 눈시울을 달굽니다. 어려서는 어린 대로, 성인이 된 지금은 또 그런대로 여전히 그 행보(行步)가 미덥지 않은 것은 '내 자식'이기 때문일 것입니다. 그런데 이번엔 오자마자 탈장 수술이 예약돼 있어 병원신세부터 져야 하는 아들놈인지라 더 마음이 짠해지는 것 같습니다.

한국에 들어오기 전 이미 병원 예약까지 마치고 이튿날 바로 검사를 한 다음 아버지를 찾아온 녀석과 점심을 먹으면서 외국생활이 힘들지 않느냐고 물으니 '저는 천생이 외국체질인가 보다'며 이곳보다는 필리핀이 훨씬 낫다면서 씨-익 웃어 줍니다. 물론 아버지 맘 편하라고 하는 소린 줄은 압니다만 그래도 죽는 소리 안 하고 그리 실실대는 것을 보니 안심이 좀 됩니다.

한국에 나온 김에 운전면허도 따고 유명한 산도 가고, 책도 사고, 친구도 만나고-. 정신없이 읊조려 대는 녀석의 폼이 이 땅에 있다고 해도 자주 못 보긴 마찬가지일 듯싶습니다. 다음 달 초순경 들어간다고 하는데, 그때까지만이라도 애비노릇 좀 하고 싶은데 가능할지 모르겠습니다.

콧수염 듬성듬성 난 녀석이 수술 후 회복이 되면 팔씨름 한번 하자고 덤빌 게 뻔한데-. 이젠 내가 이길 자신이 없어 핑곗거리를 찾아야 할 것 같습니다. 사람 살아가는 거 별거 있나요. 자식 놈들 크는 재미에 늘어나는 주름살과 흰 머리카락 잊어가는 거지요- 뭐. 고향에 홀로 계신 어머님도 내 생각과 별반 다르지 않으실 겁니다.

선물

성과 이름을 아는 데 몇 개월 걸리고, 그이 사는 주소는 반년이 넘어 겨우 알게 됐습니다. 책읽기와 글쓰기를 좋아하고, 그래서 계절이 바뀔 때마다 가슴앓이까지 한다는 이야기를 듣고는 동병상련(同病相憐)의 닮은꼴을 느끼기도 했습니다. 그래서일까요. 한 번도 마주친 적 없고, 그 생김새는 전혀 알 수 없지만 어느 석상에서 갑자기 만나게 되더라도 한눈에 알아볼 것 같은 그런 느낌 —. '안 봐도 비디오처럼 그려지는' 까닭에 이상한 확신이 들 정돕니다.

이런 그에게 얼마 전 이메일로 괜찮은 책 한 권 선물하고 싶다고 전했습니다. 참새가 방앗간을 그냥 지나칠 리 없듯 책 좋아하는 이가 이를 마다할 리가 있을까요. 덕분에 주소를 알게 됐습니다. 선물은 기다리는 맛도 있지만 하루 빨리 받는 맛이 훨씬 좋습니다. 이왕지사 나온 말, 가장 빠른 방법으로 그 책을 전달하고 싶었습니다. 생각 끝에 택배를 부르려다 더 기막힌 방법을 썼습니다. 우리 사무실 직원이 그 주소지를 잘 안다는 것이었습니다. 그래서 그 친구에게 맡기며 오늘 저녁 무슨 일이 있어도 배달돼야 한다고 반 협박을 했습니다. 그것도 우편함에 넣지 말고 직접 전달하라는 부탁과 함께 말입니다.

봉투를 받아 들면서 사무실 직원이 묘한 웃음을 흘립니다.

'다마스 특별 택배라고 한 뒤 택배비 한 3만 원 달랠까요?'

내가 눈을 크게 뜨고 두 주먹을 쥐어 보이자 '농담입니다.' 하면서 사무실을 빠져나갔습니다.

그날 밤 사무실 직원한테 전화가 왔습니다. 집에 아무도 안 계시다는. 그래서 우유 투입구에 책을 넣고 왔다는―. 이튿날 아침 그이로부터도 메일이 왔습니다. 책 잘 받았다는―. 배달 과정에 대해 아무것도 모르는 그인 분명 택배 아저씨가 다녀갔거니 했을 겁니다. 정말 그럴듯하게 선물 하나 보낸 셈입니다. 받는 것보다 주는 것이 더 좋은 선물이라는 거, 새삼 느끼게 됐습니다.

오늘은 우리 모두가 선물을 기다리는 날입니다. 하늘에서 주는 축복의 선물 말입니다. 우리에게 선물을 주지 못해서 안달이 나신 분, 예수님을 생각하면 마음이 짠해집니다.

‘흥부’ 자녀가 몇 명인지 아세요

흥부 부부가 낳은 자식이 몇 명이나 되는지 혹시 아십니까.

놀부가 동생 자식이 많다고 구박해 댄 것을 보면 흥부 자녀수가 많다는 것은 어림짐작해 볼 수 있지만 정확한 숫자까지 기억하는 이는 드물 것입니다. 그렇다면 얼마나 될까요. 열 명 혹은 열다섯 명, 아님 스무 명?, 스무 명은 너무하다는 생각이 듭니다. 인간의 한계를 벗어난 그런 수치에 가깝기 때문입니다.

하지만 흥부전에 나오는 다음 글을 보면 우리의 상식은 여지없이 깨지고 맙니다.

- 단단 약속하였더니 어찌 그리 무복하여 밤낮으로 벌려 해도 돈 한 푼을 못 모으고 원찬은 자식들은 아들이 스물다섯. 놀부가 뒤로 물러앉으며 군소리로, 박살할 놈 그 노릇을 해도 밤이면 대고 파니 다른 일 할 틈 있어야지 계집년 생긴 것이 눈이 벌써 음녀거든 -

그런데 이런 구박을 받았던 흥부가 오늘날 서울 중구에서 살았더라면 아마도 영웅 대접은 아니라도 최소한 밥 굶는 일은 없었을 것이라는 겁니다. 그 이유 또한 입 벌어지게 합니다. 얼마 전 신문 기사에는 서울 중구가 출산양육지원조례를 공표하고 둘째와 셋째 아이를 낳는 가정에는 각각 20만 원과 100만 원을 지원한다고 발표했다는 겁니다. 그런데 문제는 여기서 끝나는 게 아니라 넷째 아이부터는 양육비가 300만 원으로 뛰고 다섯째는 500만 원, 여섯째는 700만 원, 일곱째는 1000만 원, 여덟째는 1500만 원, 아홉째는 2000만 원, 열째 이상은 3000만 원의 출산양육비를 받을 수 있다는 것입니다.

그러니 흥부네 자녀 25명에 대한 출산 장려금을 계산해 보면 정말 입이 벌어져야 당연합니다. 매일 끼니때마다 욕심쟁이 형인 놀부 집에 구걸하러 다닐 필요도 없음은 물론입니다. '무자식 상팔자'가 아닌 '다자식 상팔자'가 돼 버린 요즘의 현상은 바로 1980년대부터 시작된 도심 공동화로 '인구 부족'이 심각하기 때문이라고 합니다.

1986년 20만 명에 달하던 주민이 현재 13만여 명으로 줄어 서울의 25개 구(區) 중 꼴찌를 면치 못하고 있는 중구서 내놓은 출산 장려금은 결국, 구(區) 인구가 줄면 중앙 정부의 예산 지원이 줄고, 선거구 획정 등에서 불리해지기 때문에 내놓은 고육책에 지나지 않습니다.

자녀가 하나나 둘인 분들 어째 입맛이 떨떠름하신가요. 그렇다면 늦둥이 몇 더 나아 두 자리 숫자 채워 보면 어떨까요. 돈도 벌고, 안식일학교 학생 수도 늘리고 말입니다.

만개한 '배꽃'을 보면서

'이화(梨花)에 월백(月白)하고 은한(銀漢 – 은하수)이 삼경(三更)일제

일지춘심을 자귀(두견새)야 알랴마는

다정도 병(病)인 양 하여 잠 못 들어 하노라'

고려 충렬왕 때 이조년이 쓴 시조가 피부에 와 닿을 만큼 요즘 가까운 야외로만 나가도 흐드러지게 피어 있는 배꽃이 눈에 띕니다. 평소에는 그게 배나무인지 사과나무인지 아님 다른 나무인지 알 수가 없다가도 봄철 배꽃이 만개하면 아무리 먼 곳에서 볼지라도 '아 – 하 배꽃이네' 하면서 나도 모르게 그 이름이 튀어나오게 됩니다.

유독 내 고향집 근처 야산에는 배나무가 많이 심어져 있습니다. 요 며칠 고향집을 오가면서 연분홍 복사꽃과 어우러져 하얗게 피어 있는 배꽃을 보면 마음까지도 깨끗해지는 느낌을 받아 '다정도

병인 양 하여 잠 못들' 지경이 돼 버렸습니다. 오탁무명의 속세에서 청정무구한 배꽃을 보자면 저절로 내 마음을 돌아보게 됩니다. '나도 세상에 나올 때는 배꽃처럼 몸과 마음이 깨끗했을진대ㅡ' 하면서 말입니다. 한 개를 먹어도 두 개를 먹은 것 같은 느낌이 드는 과일 배(倍니까)ㅡ. 그래선지 욕심 많은 난 다른 과일보다 배를 더 좋아합니다.

하지만 그 화려하고 아름다운 배꽃도 꽃잎이 지면서 생존경쟁을 벌여야 합니다. 꽃이 진 자리에 열매가 맺히게 되는데 그 열매가 콩알만 해지기 시작하면 농부는 충실한 것과 그렇지 못한 것을 구분해 열매를 솎아 냅니다. 이때 선택받지 못한 과일은 가을의 싱그러움을 볼 수가 없습니다. 꽃으로 본 세상이 마지막인 셈입니다.

산비탈 과수원 길을 걸으며 만개한 배꽃을 보노라면 아름다운 꽃잎들의 처절한 경쟁 소리가 들리는 듯합니다. 나 역시 영락없는 농군의 자식이 틀림없음을 알게 됩니다. 그런데 한발 앞선 주님의 자녀라는 생각은 늘 망각하게 됩니다. 나무는 보고 숲을 보지 못하는 나 자신의 한계인 것 같습니다.

우리의 삶ㅡ. 겉으로 보기엔 배꽃처럼 화려할 수도 있습니다. 하지만 열매로 살아남기 위해 벌이는 생존경쟁은 늘 처참할 정도입니다. 믿음생활도 경쟁 없이는 진전이 없습니다. 불의와 유혹, 게으름과 불신 등은 우리가 극복해 나가야 할 것들입니다. 배꽃처럼 화려한 영광ㅡ. 우리 모두 천국에서 함께 누리길 소원합니다.

'성깔' 부리는 내비게이션

내게는 내비게이션이 두 대 있습니다.

하나는 후배가 새것을 사면서 쓰던 것을 준 것이고, 다른 하나는 사무실 공용입니다. 후배가 준 것은 내 차에 장착해 사용하고 있는데 크기가 작은 4인치이고, 사무실 것은 그보다 큰 7인치짜리입니다. 그런데 두 대를 교대로 사용하면서 내비게이션도 성깔 있는 놈(?)이 있다는 사실을 알게 됐습니다. 그 안내하는 방식에서 그렇다는 것입니다.

가령 사무실용 내비게이션은 화면 크기만큼이나 안내 방식도 넉넉합니다. 운전자가 목적지를 설정하고 출발해 길을 가다 잘못 들어서면 큰 내비게이션은 그때마다 길안내를 다시 해 줍니다. 열 번이면 열 번, 백 번이면 백 번 말입니다.

'경로를 재탐색합니다.'

'경로를 재탐색합니다.'

계속되는 이 목소리를 듣다 보면 아무리 기계음이라고는 하나

미안한 마음까지 들 때가 많습니다.

그런데 4인치짜리 내 차 내비게이션은 그렇지가 않습니다. 목적지를 지나 재설정을 하지 않고 그대로 켜 놓은 채 운행을 하면 '내비'는 계속 좌, 우회전이나 유턴을 하라고 재촉합니다. 그래도 계속 직진을 하다 보면 드디어 본색을 드러내기 시작합니다. 성깔???이 나온다는 겁니다. '이 길로 계속 가시겠습니까. 이대로 가면 먼 길로 돌아가야 합니다.'

큰 '내비'는 열 번이고 백 번이고 간에 '경로를 재탐색합니다.' 소리만 하면서 어떻게든 새 길을 찾으려고 애쓰는 '순종파'인 반면 작은 '내비'는 불과 몇 번 좌 우회전과 유턴을 무시했다고 당장 '이 길로 계속 가시겠습니까?' 하면서 볼멘소리를 넘어 반 협박까지 해 댑니다. 길이나 제대로 가르쳐 주는 놈이라면 또 모릅니다. 가끔씩 엉뚱한 길로 안내해 놓고는 미안하단 소리 한 번 안 하는 놈이 제 지시대로 운행을 안 하면 금세 '이 길로 가면 먼 데로 돌아가는 수가 있습니다'라며 협박을 해 대니 웃음이 절로 납니다. 덕분에 이 '내비'를 장착한 내 차를 운전하다 보면 본의 아니게 이 기계와 시비도 자주 붙습니다. '냅둬라 내 맘이니께.'

지금 우리 마음속에 있는 내비게이션은 어느 쪽을 가리키고 있을까요. 선과 악, 주님 아님 사탄.

오월이 오면—

어디에서 왔을까

말없이 다가와
어여삐 웃는 저 모습은

보기에도 아까운
노오란 꽃 댕기
연분홍 버선발

마른 대지는
찬란한 언어로 빛나고
창공은 노래 소리 가득 차

5월이 오면

오월이 오면

마음이 가난한 자는
벌써
시인이 돼 있을게다
(My 시집 '꿈꾸는 허수아비' 중에서)

정말 오월이 왔습니다.

한겨울 동장군의 관리(?)하에 있을 때는 그저 천국을 그리워하는 심정으로 5월을 소망했었는데 이제 그 문턱을 넘어 버렸습니다.

아 - 오월

정말 시인이 아니라도 뭔가 한마디 읊조려야 할 것 같은 그런 부담까지 드는 아름다운 계절입니다. 파랗게 피어오르는 대지의 용트림을 보고 있자면 어떤 불만도 잠재울 수 있고 어떠한 미움과 증오도 용해시킬 수 있을 것 같고 그저 '사랑 사랑 사랑 사랑 사랑'만 외쳐 대고도 싶어집니다. 아마 천국의 계절은 바로 오월의 연속이 아닐까요.

'오월이 오면 마음이 가난한 자는 벌써 시인이 돼 있을 게다'는 말처럼 우리 모두 5월의 신부가 되어 새신랑이신 예수님을 영접하는 놀라운 경험을 다시 한 번 해 보면 어떨까요. 찬란한 오월 때문에 그만 오늘 아침엔 마음 끈을 놓쳐 버렸답니다.

기분 좋았던 오차(誤差)

내 평생 소원 중 하나가 바로 '다이어트' 한번 해 보는 것입니다. 다시 말해 남들로부터 '살 좀 빼야겠다'는 소리 좀 들어 봤으면 하는 것입니다. 그런데 얼마 전 정말 내 소원이 어느 정도 이루어 졌습니다. '약간 비만'이라는 판정을 받게 됐기 때문입니다.

아들놈이 입원해 있던 위생병원 3층 복도에는 자동으로 키와 몸 무게 그리고 비만도를 측정해 주는 기계가 설치돼 있습니다. 신발 을 벗고 기계에 올라서기만 하면 키를 재는 스틱이 내려와 머리를 한번 툭 친 뒤 키를 재 주고, 몸무게 역시 디지털 숫자로 바로 표 기돼 나옵니다. 더 좋은 것은 몸무게와 키를 합산한 통계로 비만 도도 측정이 되는데 놀랍게도 내 눈금이 노란선, 즉 약간 비만을 가리키고 있었습니다.

이 순간 얼마나 기쁘던지. 정말 입이 벌어졌습니다. 내 평생 소 원 중 하나가 이루어질 것 같은 느낌이 팍팍 왔기 때문입니다. 현 재 내 키는 1미터 75센티에 몸무게는 68킬로그램 정도. 덕분에 평생을 호리호리한 몸으로 살아와 배도 좀 나오고 얼굴도 뿌옇게 살이 오르는 게 내 소원이 된 지 오랩니다. 그런데 이번에 '약간 비만'이란 판정을 받으면서 그 꿈이 이뤄지나 싶었습니다. 반가운 마음에 옆에 있던 간호사한테 '내가 약간 비만이랍니다.' 하고 말했더니 내 몸을 위아래로 훑어보던 간호사 왈—

'그 기계 정확하지 않아요.' 하는 게 아닙니까.

그래서 다시 기계에 올라섰더니 이번엔 키가 1센티나 더 커진 반면 몸무게는 확 줄어 버렸습니다. 비만도 측정 바늘도 엉뚱한 방향을 가리키고 말입니다. 올라설 때마다 수치가 달라지는 기계였지만 내게는 그 오차(誤差)가 잠깐이나마 기분을 더 좋게 했었습니다. 살다 보면 그런 날 있잖습니까. 백화점에서 동그라미 하나 빼놓고 본 가격에 놀라 입이 벌어졌던 일. 얇은 돈 봉투에 실망했다가 뜯어보니 수표가 들어 있던 날—. 잠깐의 판단 오차가 민망했던, 그래서 더 기분 좋았던 일들 말입니다.

나 역시 이번 오차에 만족하고 살아야 할 것 같습니다. 왜냐면 '다이어트'하는 일은 아내 몫이지 싶어서 입니다. 퍼뜩하면 살 빼야 한다며 밥 굶기를 밥 먹듯이 해 대기 때문입니다. 정확하지 않은 기계 덕분에 잠시 느껴 보았던 작은 행복, 이런 재미도 없다면야 어디 세상 살맛나겠습니까. 작은 실수와 착오는 우리의 삶을 윤택하게 해 주는 '미소' 한 점이 될 수 있다는 거, 그래서 악착같이 사는 이보다 '틈'이 보이는 이에게 더 정이 가는가 봅니다. 2% 부족한 삶. 하지만 그 부분을 채워 주시는 '님'이 계셔 우린 또 '해피 안식일'이 기다려집니다.

아들과 도둑고양이

아들놈이 사는 필리핀 집에는 도둑고양이도 한 마리 산답니다.

말이 도둑고양이지 실은 아들놈이 그렇게 이름을 붙여 버려 다른 이들도 '그런 줄' 아는 고양이입니다. 그런데 가만 말을 들어 보니 생김새도 여느 고양이보다 못하고 하는 짓도 맘에 안 들어 아들놈은 그 고양이를 내쫓으려고 무던히 애를 쓰고 있나 봅니다.

얼마 전까지는 '쭈쭈'라는 개를 길렀는데. 그 개는 주인 품을 떠나려 하지 않을 만큼 사람을 잘 따르고 변도 잘 가려 귀여움을 독차지했었습니다. 그런데 그 개를 잃고 난 뒤 어느 날 갑자기 나타나 '식구'처럼 구는 이 도둑고양이가 맘에 들 리 없었습니다. 그래서 눈에 띄기만 하면 슬리퍼를 집어던지며 나가라고 소리치는 데도 그 놈은 멀뚱멀뚱 쳐다만 보다 슬그머니 집 안 구석으로 들어가 숨어 버린답니다. 물론 아들놈이 안 보이면 집 안 이곳저곳을 활개하고 말입니다.

그러던 하루 아침엔 아들놈이 일어나 마당에 나와 보니 이 도둑고양이가 커다란 쥐를 한 마리 잡아다 문 앞에 놓고는 그 옆에 쭈그리고 앉아 있더란 것입니다. 처음엔 깜짝 놀랐는데 가만 생각해 보니 고양이 마음을 읽을 수가 있더랍니다.

'그래 너도 이 집에서 한몫하는 식구라 이거지－'

순간 아들놈은 웃음이 피식 나왔답니다. 신고 있던 슬리퍼를 벗어던지며 고양이를 쫓는 대신 좀 더 지켜보기로 했답니다.

이후,

고양이는 틈만 나면 쥐를 잡아다 놓고는 아들놈 앞에서 자랑스런 포즈를 취하는 날이 늘어만 갔답니다. 아들도 제 몫을 다 하는 고양이를 굳이 쫓아낼 필요가 없어져 이젠 생선뼈도 챙겨 줄 만큼 친해져 가고 있답니다. 그런데 아들놈이 이 도둑고양이에 대해 측은지심을 발동하게 된 것은 필리핀 아떼(살림 도우미)가 들려준 고양이 내력 때문이라고 합니다.

원래 이 고양이 엄마(?)가 집 안 후미진 곳에 새끼 다섯 마리를 낳았다는 겁니다. 그런데 무슨 이윤지 모르게 네 마리는 죽고 이 고양이만 살아남았는데 새끼가 크자 어미 고양이도 사라져 이놈만 남게 된 것이라고 말입니다. 기실 이 고양이가 도둑고양이는 아니라는 것이 증명이 된 셈입니다. 이 말을 듣고 난 뒤부터 아들놈은 고양이에 대한 생각이 바뀌게 된 것입니다. 드디어 대립과 모순의 관계를 탈피하고 화합과 사랑의 관계로 탈바꿈한 셈입니다.

우리의 삶에 있어서도 자신의 역할과 책임을 다하면 그 구성원이라는 틀에서 낙오될 일이 없습니다. 모든 관계가 원만해지기 때문입니다. 하나님과 나와의 관계도 내 역할이 무엇인지 깨달아 알고 실천해 나갈 때 내가 바로 하나님 우편에 서 있는 승리자가 될 것입니다.

내 마음속 논두렁

드디어 농번기가 시작됐습니다.

지난달 담근 볍씨가 곱게 자라나 모가 되었고, 잘 키운 그 모를 무논에다 내야 하는 때가 돌아온 것입니다. 이때쯤이면 '부엌의 부지깽이'도 한몫해야 할 만큼 눈코 뜰 새 없이 바빠지는 게 농촌 풍경입니다. 따라서 내가 일요일마다 시골에 가야 하는 충분조건입니다.

지난 일요일부턴 논마다 전기 모터를 설치하고 미리 파 놓은 관정에서 물을 뿜어 올리기 시작했습니다. 마른논에 물을 퍼 올리면 금방 땅속으로 스며드는 까닭에 몇날 며칠을 계속 품어 대야 합니다. 그런데 물만 품어 올린다고 물이 괴이지는 않습니다. 논두렁을 파고 다니는 두더지와 두렁쉥이(웅어), 땅강아지가 파 놓은 구멍을 메워야 물이 새 나가지 않기 때문입니다.

분명 낮에 물을 한 논 가득히 받아 놓았는데 하룻밤 사이 그 물이 다 빠져나가는 경우도 허다합니다. 이럴 땐 논두렁을 따라 다니면서 살펴보면 영락없이 구멍이 나 있고 거기를 통해 그 많던

물이 다 빠져 버린 것을 알게 됩니다. 바로 두더지와 그 일당들이 원흉임에 틀림이 없습니다. 이때는 그 구멍을 메우고 발로 다진 뒤 다시 물을 품어 올립니다. 이렇게 공품을 들이고 나면 나도 모르게 씩씩거리게 되고 보이지 않는 두더지와 그 일당들에게 연신 육두문자를 써 대며 화풀이를 해 대게 됩니다.

이럴 땐 내가 교인인지도 망각해 버립니다. 조금만 방심하면 금세 논물이 다 빠지니 농부들이 아침저녁으로 바쁠 수밖에 없습니다. 게으른 난 그저 욕을 퍼부어 대는 것으로 대신하고 있습니다만ㅡ. 사는 게 다 인력으로만 되지 않는다는 거 잘 알고 있습니다. 그러기에 최선을 다하는 삶이 아름다운 것입니다. 최선을 다하지 않고 운만 바라는 삶은 결코 승리할 수가 없습니다.

밤새 퍼 올린 물이 다 빠진 논은 다시 모터를 돌려 물을 퍼 올리면 됩니다. 그러나 나로부터 빠져나간 마음을 되 담기는 힘이 듭니다. 사탄은 내 고운 마음에 구멍을 내기 위해 하루도 쉬지 않고 흠집을 내고 있습니다. 논두렁에 구멍을 뚫어 놓는 두더지처럼 말입니다. 이제부터는 논두렁의 구멍보다 내 마음의 구멍을 막는 일에 더 신경을 써야 할 때인 듯싶어집니다. 농부가 가을 수확을 기다리며 논두렁 단속을 하는 것처럼 말입니다.

쟁기질

지난 일요일엔 고향집 텃밭을 갈고 왔습니다.

소위 쟁기질을 하고 온 셈입니다. 경운기 트레일러를 떼 놓고 거기에 쟁기를 단 뒤 겨우내 빈 터로 남아 잡풀만 무성한 텃밭을 쟁기질해 고랑과 이랑을 잔뜩 만들어 놓았습니다. 서투른 솜씨로 경운기를 조작하는 일도 힘들었지만 반듯하게 이랑과 고랑을 만들어 나가는 것은 더 힘이 들었습니다.

얼굴에는 진땀이 나고 양손은 물집이 잡힐 만큼 애를 써 댔지만 생각했던 것마냥으로 골 모양새가 나오질 않았습니다. 과거 아버님은 암소에 멍에를 걸고 쟁기를 끌게 했는데 그 깊이나 모양새가 얼마나 일정했는지 먼발치서 지켜보면서도 참 신기할 정도였었습니다. 말 못하는 짐승과 교감하면서 만들어 낸 이랑과 고랑은 그야말로 예술품 같았었습니다.

그런데 나는 기계로 하는 일인데도 이랑은 꾸불거리고 깊이도 들쑥날쑥해 곡식 부쳐 먹기도 힘들게 돼 버렸습니다. 농부의 자식

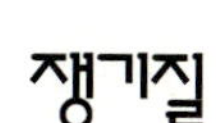

이지만 무늬만 그렇다는 사실을 이번에 다시 실감했습니다. 아직도 뻐근한 근육통과 함께 말입니다. 세상에 태어난 사람들의 외모와 성격이 다르듯이 받은 달란트도 각양각색임을 알게 됩니다. 농부와 학자가 할 일이 따로 있듯이 그 가는 길 또한 다릅니다. 하지만 자신이 하는 일에서 하나님과 동행하는 일을 찾기는 그리 어렵지 않습니다. 농부나 학자나 마찬가지로 말입니다.

잠시 농부로 돌아가 밭을 갈아엎으면서 내 마음도 이렇게 갈아엎어 새 마음이 될 수 있다면 얼마나 좋을까 하는 생각을 해 봤습니다. 그러나 불가능한 일도 아님을 잘 압니다. 하나님께 내 모든 것을 맡기고 그분과 동행하면 그것이 바로 내 마음을 갈아엎는 행위임을 알기 때문입니다. 세상 죄악 가운데 살다가 굳어져 버리고 망가져 버린 이 내 마음을 묵은 밭 갈아엎듯이 쟁기질을 하고 주님이 주신 새 마음으로 새 인생을 살아가면 나는 분명 참사람이 될 것입니다.

쟁기질 -.

이젠 우리 마음에 사랑의 쟁기를 멜 때입니다.

보이는 게 다는 아니죠!

평소 잘 아는 이가 중고차를 한 대 샀습니다.

가격 대비 성능 좋고, 외판도 깨끗해 그야말로 새 차 같은 중고차였습니다. 차를 인수한 다음 날, 이이가 시운전 겸 일도 볼 참으로 장거리를 뛰게 됐습니다. 이날 운전 이후 '가격 대비 성능 좋은 차'임을 재삼 확인하게 됐습니다. 헌차 가격으로 새 차를 장만했으니 입이 귀에 걸릴 만도 했습니다.

그런데 한 달도 안 돼서 이이가 얼굴이 사색이 되어 쫓아왔습니다. 오른손에 서류뭉치를 한 움큼 들고 말입니다.

'김 형 이게 뭔 일이래유. 시상에 우찌 이런 일이ㅡ.'

그가 덜덜 떨리는 손으로 건네준 서류뭉치를 보니 모두가 7만 원짜리 속도위반 딱지(청구서)였습니다.

'뭐가 그리 급했슈. 천천히 달리지. 이거 다 속도위반 딱지구먼ㅡ.'

한 장 한 장 확인하면서 보니 정말 하나같이 다 7만 원짜리 청구서였습니다.

'짜고 친 고스톱도 아니고 어쩜 이리도 똑같은 걸루만 걸렸대유.'

그러자 이이는 속이 터진다는 듯이 '이봐유 김 형. 내가 어디 과속하는 사람유. 속도계 바늘 맞춰 달렸는디 이게 웬 날리래유-.'

'그럼 경찰서 가서 따져 봐유.'

이튿날 이이는 또 나를 찾아왔습니다.

'경찰이 뭐라구 그래유?'

'아 글씨, 과속단속 카메라는 멀쩡하대유. 그래서 카센터에 들러 봤더니 속도계가 잘못됐다는규. 20킬로가 차이 난다나 워쩐다나-.'

결국 이이는 과속 딱지 벌금 70만 원을 물게 생겼습니다. 중고차 싸게 샀다고 입이 귀에 걸린 지가 얼마 전인데 이젠 풀이 죽어 고개를 땅에 떨어뜨리고 삽니다. 중고차 판매상은 좀 더 생각해 보자고 하곤 연락도 없고-.

정말 눈에 보인다고 그게 전부는 아니라는 말 실감하고 삽니다. 분명 이이 눈에는 계기판 눈금을 보면서 규정 속도로 달렸을 텐데 그게 20킬로가 차이 났으니 과속 카메라가 가만히 있었겠습니까. 영문도 모르고 하루에 똑같은 딱지 열장을 끊어 왔으니-. 복장 터지고 환장할 노릇인 그 심정 이해할 만도 합니다.

눈에 보이는 게 다가 아니라는 사실, 우리들의 신앙 안에서도 찾아보시기 바랍니다. 큰 낭패를 당하기 전에 말입니다.

‘초안산’의 아카시아 꽃

　서울에서 의정부 방향으로 전철을 타고 가다 월계역 부근에서 왼쪽으로 보면 야트막한 산자락이 보입니다. 고향집 근처의 뒷동산을 연상케 하는 자그마한 이 산은 ‘초안산’이란 이름을 갖고 있습니다.

　이름도 생소해 주변에 살고 있는 이들조차도 고개를 갸우뚱하게 하지만 아카시아 나무가 많은 산이라고 하면 금세 알아듣고 ‘아－그 산’ 하는 그런 산입니다. 이 산은 4월 말부터 5월 초까지 온 산을 하얗게 물들일 만큼 아카시아 꽃을 피워 대는데 덕분에 꽃과 향에 취해 ‘사랑가’를 부르는 이들도 적지가 않습니다. 아마 서울 시내, 아니 전국적으로 살펴보아도 이처럼 아카시아 나무가 많은 곳은 좀처럼 찾아보기 힘들 것입니다. 그만큼 온 산이 이 나무로 뒤덮여 있습니다.

　개인적으로도 아카시아 꽃과 향을 참 좋아해 가끔씩 일부러 이 산을 찾아갑니다. 그러나 이곳에 올 때마다 아카시아 꽃과 향에 취하기보다는 가슴이 뭉클한 감정에 휩싸이곤 합니다. 이곳 아카시아 나무에 관한 사연을 알고 있어서 그런가 봅니다.

초안산에는 아카시아 나무보다 훨씬 오래된 무덤들이 많습니다. 그런데 이 무덤이 보통 신분의 민초들 무덤이 아니라 한 많은 '내시'와 '궁녀'들의 무덤이라는 것입니다. 서울 경복궁에서 볼 때 초안산은 북쪽에 해당됩니다. 사람이 죽으면 북망산천에 간다는 말처럼 이들은 죽으면 음의 기운이 강한 이 초안산에 와 묻혀 이들의 공동묘지가 돼 버린 것입니다. 일가친척도 마땅치 않았던 내시와 궁녀들이 죽으면 시구문으로 빠져나와 이곳에 묻히곤 했는데 조선시대에 묻힌 이들의 무덤이 9백기 가까이나 됩니다.

어찌 보면 궁궐뿐만 아니라 성 밖에서조차 이방인 취급당했을 이들의 고난한 삶을 마감한 이곳이 황폐해진 것은 일제시대 때라고 합니다. 일본인들이 공동묘지를 일부러 훼손하기 위해 이곳에 아카시아 나무를 심고 그 씨를 수십 가마니나 뿌려대 오늘날 산 전체가 아카시아 나무로 덮여 버렸다는 것입니다.

사연을 모르는 이들은 그저 아카시아 꽃이 좋고 향이 좋다고 말하지만 내용을 알고 나면 그 꽃과 향은 죽은 영혼들이 혼이 되어 내리는 것처럼 생각되기도 합니다. 매년 4－5월이면 흰 눈과 같은 아카시아가 피고 지면서 이들을 기억하게 합니다. 아카시아 꽃이 비가 되어 내리는 날, 초안산 길을 걷다 보면 궁녀가 입었던 옷자락처럼 하얀 꽃잎이 미소를 만들고, 내시가 궁중에서 피웠을 향처럼 그윽한 아카시아 꽃 향이 진동합니다.

지금 초안산 일대가 그렇습니다. 가까운 곳에 사는 이들이라면 한번 올라 자세히 보시기 바랍니다. 올망졸망한 흙무덤이 널려 있고 가끔씩은 문인석과 비석이 세워져 있는 내시 무덤이 발견이 되는 곳, 그곳이 바로 우리 삶에서 한발 비켜 서 있는 초안산이랍니다.

내 마음속 '버찌' 이야기

7월이 청포도가 익는 계절이라면 5월은 '버찌' 알 터지는 소리
가 들리는 때입니다. '버찌' 알고는 있는지 모르겠습니다. 벚꽃은
좋아라 하고 그 꽃피는 날을 손꼽아 기다리던 이들도 '버찌'는 잘
모르는 경우가 적지 않기 때문입니다. 하물며 그 맛까지야 일러
무엇 하겠습니까.

어제 오후. 우체국에 들를 일이 있어 모처럼 가로수 길을 걷게
됐습니다. 녹음방초(綠陰芳草) 어우러진 길을 걷다 보니 보도 블록
위로 까무잡잡한 열매 알들과 그것들이 뭉개져 흉한 모습이 함께
보였습니다. 이 흔적을 보고 나서야 가로수가 벚나무임을 새삼 알
게 됐습니다. 순간 그 나무들을 올려다보면서 본능적으로 '버찌'를
찾았습니다. 낮은 가지를 휘잡아 잎 속에 숨어 있는 까만 버찌를
따서 입에 넣었습니다.

쌉쌀하면서도 달콤한 맛이 초여름에 찾아온 낯선 손님을 맞는
그런 기분이 들었습니다. 도심 속 가로수로 심어진 벚나무에서 따

는 버찌는 어쩜 공해에 찌들어 먹기가 불편할 수도 있습니다. 하지만 시골이나 산속에 있는 벚나무의 버찌는 알도 굵고 맛과 향도 뛰어나 간식거리로도 훌륭합니다.

다만 그것을 따 먹고 '입 벌려 웃지만 않는다면' 뒤끝도 참 좋습니다. 입술과 잇몸은 물론 이와 혀까지 까만 물이 들 정도로 지독한 열정을 갖고 있는 버찌는 어린 시절의 추억을 떠오르게 하는 맛깔스런 '동화'랍니다. '철모르는 어린아이가 가게 주인에게 버찌 몇 알 내밀고 –. 그 마음을 읽은 주인은 돈인 양 버찌를 받아 들곤 대신 과자봉지를 건네던 –' 아마 고교 때 영어 교과서에서 본 내용인 것 같습니다만 내게도 버찌를 사금파리 그릇에 올려놓고 옆집 순이와 '여보 당신' 하며 소꿉장난하던 시절이 있었습니다.

그래서일까요. 어제 몇 알 따 먹어 본 버찌 맛은 첫사랑 그 맛이었습니다. 벚나무 아래 서게 되거든 그 나무를 올려다보기 바랍니다. 그러면 알알이 숨어 있는 버찌를 발견하게 될 것입니다. 그 순간, 여러분도 금세 소중한 추억 몇 개는 건지게 될 것입니다.

저 장미꽃 위에 이슬

'저 장미꽃 위에 이슬 아직 맺혀 있는 그때에
귀에 은은히 소리 들리니 주 음성 분명하다'

내 좋아하는 찬미가 중 한 소절입니다.

장미꽃이 좋았는지 아님 주 음성이 그리웠었는지는 모르지만 나도 모르게 흥얼거리는 찬미가 바로 '저 장미꽃 위에 이슬'이었습니다. 지금 그 장미꽃들이 사방에 피어나 화려한 자태를 뽐내고 있는 폼이 이젠 나더러 주 음성에 귀 기울이라고 경고하는 폼샙니다.

지금까지는 장미를 특별히 좋아하지 않았습니다. 장미하면 붉은 꽃잎보다 아내의 손이 더 먼저 떠오를 만큼 부담스런 꽃이었다는 기억이 더 큽니다. 꽃꽂이 강사였던 아내는 서울 명동에 꽃가게를 내고 한동안 '사업'을 한 적이 있습니다. 그때 장미꽃을 만지다 가시에 숱하게 찔리고 피 흘리는 모습을 본 때문인지 장미는 예쁘기보단 미운 꽃으로 인식이 돼 버렸던 것입니다. 그런데 나이 탓인가요. 요즘 담벼락을 의지해 줄기를 뻗고 그 위에 화려하게 피어 있는 장미꽃을 보노라면 나도 모르게 감탄사가 나옵니다. 그리곤 중얼거리게 됩니다. '저 장미꽃 위에 이슬 아직 맺혀 있는 그때에 -' 하고 말입니다.

지난 5월 14일은 '로즈데이'였었습니다. 이날 연인들끼리 서로 장미꽃을 주고받는 모습을 보면서 꽃보다 아름다운 청춘을 보았는데, 지금은 청춘만큼 예쁘고 자태 고운 장미꽃을 보면서 나 역시 젊음을 충전합니다. 2월의 밸런타인데이와 3월의 화이트데이를 놓친 연인들에게는 로즈데이만큼 사랑을 고백하기 더 좋은 날이 또 있겠습니까.

장미의 꽃말은 사랑이랍니다. 이 중 빨간 장미는 열정과 아름다움, 그리고 하얀 장미는 존경과 함께 순결을 의미합니다. 핑크 장미는 행복한 사랑이요, 노란 장미는 질투를, 들장미는 고독한 사랑을 표현한다고 합니다. 반면에 빨간 장미 봉오리는 사랑의 고백이요, 하얀 장미 봉오리는 '나는 당신에게 어울리는 사람이에요'라고 묻는 것이라고 합니다.

장미 선물에도 그때마다 의미가 달라진다고 합니다. 가령 빨간 장미 한 송이는 '왜 이제야 내 앞에 나타난 거야' 하고 투정하는 표시며 하얀 장미 한 송이는 '다시 만날 수 있을까요?'라고 묻는 것이고, 노란 장미 한 송이는 '혹시나 했는데 역시 꽝이야'라는 충격적인 뜻이 담겨 있답니다. 그리고 빨간 장미 44송이를 건네는 것은 '사랑하고 또 사랑해요'라는 뜻이며 하얀 장미 100송이는 '그만 싸우자. 백기 들고 항복이야'라는 제스처며 빨간 장미 119송이는 '나의 불타는 가슴에 물을 뿌려 주세요'라는 뜻이 숨겨져 있답니다.

마음 밭에 뿌리는 제초제는—

지난 일요일 시골집에 내려가 모내기한 논에 제초제를 뿌리고 왔습니다.

이앙(移秧)을 한 지 열흘이 넘은 모는 이제 뿌리를 내려 벼의 모습을 갖춰 가고 있었습니다. 그러나 심어 놓았다고 농사 다 지은 것은 결코 아닙니다. 이제부턴 잡초와 병해충과의 한판 전쟁이 남아 있습니다. 그 일환으로 제일 먼저 하는 것이 논에 제초제를 뿌리는 것입니다.

막 모내기를 마친 논은 평평한 논바닥에 벼 포기와 잔잔한 물만 있는 것처럼 보입니다. 하지만 진흙 밑에서는 잡초가 움을 틔우기 시작하고 각종 병해충도 논두렁 근처서 얼씬거리고 있습니다. 이것들을 확실하게 제거하지 못하면 그해 농사는 풍년을 기대하기 힘들어집니다.

이 중 농부들을 속상하게 하는 것이 잡초입니다. 그 생명력이 얼마나 질긴지 약을 하고 뽑고 별별 짓 다 해 보지만 이듬해 모내기를 하고 나면 또 다시 고개를 내미는 게 바로 잡초입니다. 지난 해 잡초를 제대로 잡지 못해 올해는 맘먹고 초창기부터 제초작업 에 신경을 쓰느라 모낸 지 열흘 넘어 가장 비싸고 효과도 좋은 제 초제를 사다 뿌렸습니다. 농약 판매사의 말대로라면 올해는 더 이 상 잡초 걱정은 안 해도 되는데ㅡ. 어디 그게 장사꾼의 말처럼 간 단할까요.

이날 제초제를 뿌리면서 제발 보기 싫은 잡초는 내 논에서만큼 은 제발 안 봤으면 하는 그런 간절한 마음이 들었습니다. 그러면 서도 한편으론 우리 인간들의 마음 밭에 기생하는 악을 뿌리 뽑는 제악제(=제초제) 같은 것이 있다면 얼마나 좋을까 하는 생각도 같 이 해 보았습니다. 일 년에 한 차례씩 복용만 하면 모든 죄악의 씨조차 말려 버리는 그런 약 말입니다.

물론 우리에게는 제초제보다 더 강한 '기도'라는 특효약이 있지 만 불신자들도 사용할 수 있는 제악제가 있다면 세상이 한 층 더 밝아지지 않을까요. 제초제를 뿌리면서 이제 막 뿌리를 내린 어린 모들과 말도 안 되는 대화를 해 보았습니다. 역시 나는 아직도 무 늬만 농사꾼인가 봅니다.

자동차 '앵꼬'와 열 처녀 비유

신약성경 마태복음 25장에 나오는 이야기입니다.

'그때에 천국은 마치 등을 들고 신랑을 맞으러 나간 열 처녀와 같다 하리니. 그중의 다섯은 미련하고 다섯은 슬기 있는 자라. 미련한 자들은 등을 가지되 기름을 가지지 아니하고, 슬기 있는 자들은 그릇에 기름을 담아 등과 함께 가져갔더니 -'

얼마 전, 정말 이 비유가 실감나는 경험을 하고 말았습니다.

코란도 밴을 운전하고 전남 광주를 향해 가는데 고속도로 요금소를 빠져 나가기 직전 연료 게이지가 바닥을 가리키는 것을 보게 됐습니다. 하지만 아직 '경고등'이 들어오지 않은 터라 큰 걱정을 하지 않았습니다. 왜냐면 연료 경고등이 들어와도 최소한 30 - 40 킬로미터는 더 달릴 수가 있기 때문입니다.

톨게이트에서 요금을 정산하고 다시 가속 페달을 밟으며 목적지를 향해 가고 있는데 차가 갑자기 힘이 빠지는 듯싶더니 엔진이

‘푸드덕’거리는 겁니다. 직감으로 고장이다 싶어 얼른 갓길로 차를 돌렸는데 아닌 게 아니라 시동이 꺼지면서 모든 동작이 멈춰 버렸습니다. 아무리 봐도 고장은 아닌 듯싶어 몇 번 시동키를 돌려 보니 틀림없이 ‘앵꼬’였습니다. 연료가 다 떨어져 버린 것입니다.

연료 경고등도 켜지지 않고 앵꼬가 돼 버렸으니 운전하는 내 입장에서는 정말 황당했습니다. 아마 연료 경고등 전구가 나갔거나 남은 연료를 감지해 주는 ‘찌’가 고장이 났었나 봅니다. 그것도 모르고 미리 기름을 채우지 못한 후회가 물밀듯 닥쳐왔습니다. 하지만 상황이 걱정만 하고 있을 수가 없었습니다.

고속도로 위라 보험회사 긴급출동 서비스를 부르기도 그렇고, 또 약속시간도 다 돼가는지라 어떤 방법이라도 빨리 강구해야 했습니다. 할 수 없이 비상등을 켜 놓고 고속도로 가드레일을 타고 내려가 일반 도로로 달려갔습니다. 거기서 택시 잡아타고 주유소까지 가서 기름통 값을 맡기고 경유를 사다 넣은 뒤에야 다시 시동을 걸고 목적지까지 갈 수가 있었습니다. (계속)

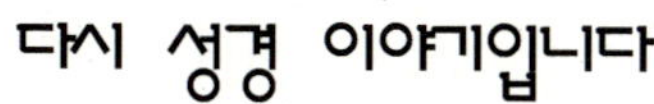다시 성경 이야기입니다

'신랑이 더디 오므로 다 졸며 잘 새 밤중에 소리가 나되 보라 신랑이로다 맞으러 나오라 하매. 이에 그 처녀들이 다 일어나 등을 준비할 새. 미련한 자들이 슬기 있는 자들에게 이르되 우리 등불이 꺼져 가니 너희 기름을 좀 나눠 달라 하거늘. 슬기 있는 자들이 대답하여 이르되 우리와 너희가 쓰기에 다 부족할까 하노니 차라리 파는 자들에게 가서 너희 쓸 것을 사라 하니. 그들이 사러 간 사이에 신랑이 오므로 준비하였던 자들은 함께 혼인 잔치에 들어가고 문은 닫힌지라. 그 후에 남은 처녀들이 와서 이르되 주여 주여 우리에게 열어 주소서. 대답하여 이르되 진실로 너희에게 이르노니 내가 너희를 알지 못하노라 하였느니라. 그런즉 깨어 있으라 너희는 그날과 그때를 알지 못하느니라'

자동차 연료 게이지나 경고등이 고장 났을 경우에는 언제 '앵꼬'가 될지 그 날과 시는 아무도 알지 못합니다. 성경 속에서 발견하

는 진리, 고장 난 차를 타고 가다가 정말 뼛속 깊게 실감하고 말
았습니다. 성경 읽는 것도 중요하지만 실천하는 게 더 미덕이자
고생을 더는 일이라는 거, 이번에 다시 한 번 체험했습니다.

1년에 딱 하루 쉬는 이들

1년에 딱 하루만 쉬는 이들이 있습니다.

그것도 일요일이나 공휴일이 아닌 꼭 '현충일'에만 쉬는 사람들입니다. 이들은 또 남들 퇴근 시간인 오후 다섯 시쯤에 출근하고 새벽 6시가 돼야 집으로 들어가는, 그래서 '거꾸로'의 삶에 더 익숙해 있기도 합니다. 하지만 이들은 거개가 다 '박사'요 '석사'에 해당합니다. 스스로가 자신들의 신분을 격상시켜 부르는 '은어'지만 이 분야에서만큼 그들은 분명 석사요 박사이기에 충분합니다. 근무처에서는 언제나 나비넥타이에 가짜 이름표를 달고 있는 이들의 직업은 바로 '룸살롱 웨이터'들입니다.

스스로를 일컬어 팁을 먹고 사는 사람이요, 밑바닥 인생이라는 거친 말도 사용하지만 그러나 이들 세계의 보이지 않는 밑그림은 늘 우리의 상상을 초월합니다. 대개 룸살롱의 구조는 웨이터 4명당 보조 1명으로 구성이 된다고 합니다. 이 중 웨이터가 손님을 끌어오는 역할을 하고 매상의 일정 분을 가져가는 것에 비해 보조는 웨이터가 모셔 온 손님에게 서빙을 하고 팁을 받는 것이 다를 뿐입니다. 이들은 손님들의 주정과 그 뒤처리 등 강도 높은 노동을 하고 있지만 내부적으로는 웨이터를 '박사'로 보조를 '석사'로 호칭하면서 결속을 다진다고 합니다. 어려운 노동 여건 속에서 재치 발랄한 호칭으로 그들만의 체제(?)를 유지해 나가는 웨이터의 세계에서 우리는 가슴 찡한 사연을 읽게 됩니다.

오늘은 이 나라와 이 백성들을 위해 목숨을 바친 호국영령들을 추모하는 현충일입니다. 웨이터들이 일 년 중 딱 하루 쉬는 날이기도 합니다. 호국영령들을 추모하는 날, 풍악을 울릴 수 없다 하여 웨이터들은 현충일에 딱 하루 쉬는 날로 정한 것입니다.

우리는 일주일에 하루씩 '안식'을 합니다. 그것도 아름다운 성전에서 믿음의 성도들과 사랑의 교제를 나누며 말입니다. 그러나 교회에서 나오면 금세 딴 사람이 되는 경우도 허다합니다. 내 눈과 귀가 즐거운 풍악(TV 시청 인터넷 채팅 등등)에 빠져들기도 하고 취미생활을 하는 날로 여기기도 합니다. 이럴 때 1년에 딱 하루를 쉬면서 풍악을 금하는 이들을 생각해 보면 믿음 생활에 도움이 될까요. 아무튼 오늘은 '현충일'입니다.

꽃단장

오늘 지하철을 타고 가는데 내 옆자리가 비는 듯싶더니 이내 한 아가씨가 자리를 차지하고 앉았습니다. 운 좋게 자리를 차지한 이 아가씨는 얼핏 보기에도 멋쟁이였습니다. 섹시한 옷에 자극적인 향수 ─. 이런 아가씨가 내 옆자리에 앉았다는 게 좋기도 하고 한편으론 부담도 됐습니다. 아닌 게 아니라 이 아가씬 자리에 앉자마자 자루만 한 가방을 뒤지기 시작했습니다. 그러더니 화장품을 한 보따리 꺼내 무릎 위에 올려놓고 손거울을 보면서 화장을 해 대는 것이었습니다.

아이섀도를 칠하고 볼터치까지 하나 싶었는데 이젠 인조 쌍꺼풀을 붙이는 중이었습니다. 그 와중에서 입술에 바르던 립스틱 뚜껑이 떨어져 내가 얼른 주어 그녀의 무릎에 올려 주기도 했습니다. 그러나 그 아가씬 그런 일이 있었는지도 모른 체 화장에만 열중입니다. 옆에서 힐끔힐끔 쳐다보자니 정말 신통방통합니다. 그 많은 사람 앞에서 어쩜 저렇게 자연스럽게 화장을 할까는 생각과 함께 흔들리는 전철에서도 속눈썹을 붙이고 렌즈까지 능숙하게 끼는지 정말 감탄사가 절로 나왔습니다. 보던 책을 접고 그 아가씨 차림 새를 찬찬히 살펴보았습니다.

굽 높은 구두에 지난 봄철부터 유행한 레깅스 차림도 특이했고 깊게 패인 블라우스는 가슴 선까지 다 보일 정도였습니다. 거기다 가 속옷패션인지 레이스가 잔뜩 달린 윗옷도 별나 보이기는 마찬 가지였습니다. 내 목적지까지 족히 40분 이상이 걸렸는데도 그때 까지 화장을 끝내지 못하고 있는 이 아가씨를 두고 먼저 내리는 내가 안타까울 정도였습니다.

평일 오전, 그것도 러시아워가 다 끝난 시간대의 전철 안에서 그처럼 오랜 시간 공들여 화장을 해 대던 그 아가씨를 생각하면 지금도 고개가 갸우뚱해집니다. '집에선 뭐 하고ㅡ'라고 묻진 않더 라도 많은 사람들 속에서 그런 화장까지 할 수 있는 그 배짱은 어 디서 나올까? 물론 세대차이가 나서 이해 폭이 좀 다를 수는 있겠 지만 참 보기 드문 광경이었습니다. 그러면서도 내 머릿속에선 주 님이 떠오른 것은 또 어떤 아이러니인지요. 내가 주님을 만나러 교회에 가는 날 내 차림이 어떠했는지 가만 생각해 본 것입니다.

일하러 나갈 때 입던 옷 툭툭 털어 다시 입고 얼굴에 로션 하나 바른 뒤 정신없이 집을 나서는 내 모습ㅡ. 애인을 만나러 가는 듯 한 전철 안의 아가씨도 그처럼 공들여 화장을 하는데 '난 내 평생 은 물론 천국에서도 영원한 애인일 주님을 뵈러 가면서 아무런 정 성도 들이지 않고 있으니ㅡ'

전철 안에서 곱게 화장을 하던 아가씨를 만난 건. 내가 내 애인(?) 에 대한 정성을 다하지 못함을 일깨운 하나의 사건이기도 했습니다.

어미 잃은 새끼 오리 떼

어제 운전을 하면서 서울 상계동 동부간선도로 초입에 막 진입할 때였습니다.

자동차 전용도로라 속도를 높이는 순간 오른쪽 길가에 오리새끼 대여섯 마리가 나와 돌아다니는 것이 눈에 띄었습니다. 바로 옆이 중랑천이고 그 천변에 숲이 우거져 있는 까닭에 그곳에서 부화한 오리새끼들이 무슨 영문인지 몰라도 차도로 나와 버린 것입니다.

어미 오리는 보이지도 않고 새끼들만 돌아다니는데 금방이라도 차에 치일 것 같아 급히 핸들을 꺾었습니다만 뒤차들한테까지도 무사하리라는 보장은 없었습니다. 도심에서 만나는 자연산 오리들ㅡ. 그런데 그 새끼들이 금방 죽을 수 있는 도로를 활보하고 있으니 안타깝기 그지없었습니다. 119에 전화라도 해 줘야 하나, 아님 동물보호협회에 알려야 하나ㅡ. 순간이지만 많은 생각이 들었습니다. 다시 숲속으로 잘 돌아갈 수 있다면 별 문제는 아니겠지만 어미 오리도 없이 길로 나온 새끼오리들의 안부가 아직도 궁금하기만 합니다.

　지금 중랑천은 천변을 파내고 돌을 가져다 경계석처럼 쌓아 올리고 있습니다. 얼마 전에는 하천의 모래가 골재로 팔려 나가는 듯싶더니 이젠 천변 조경 공사로 물고기나 오리들까지 갈 곳을 다 잃어버린 것입니다. 아마 이 새끼오리들도 포클레인과 덤프트럭의 굉음을 견디다 못해 도망쳐 나온 것이 하필이면 도로 한복판 쪽이었던 것 같습니다. 잠깐 스쳐본 오리새끼들의 형편이었지만 지금 돌이켜 생각해 보면 우리의 일상과 별반 다르지 않다는 생각이 듭니다.

　세상 속에 난무하는 악이 무서워 그것을 피하겠다고 나선 곳이 더 위험할 수 있는 요즘의 세태와 맞아떨어지기 때문입니다. '여우 피하려다 호랑이 만나고, 청소차 피하다 똥차에 치인다.'고, 그 오리새끼들도 중랑천의 나쁜 환경을 피한다고 나온 곳이 하필이면 자동차 전용도로였을 테니까요. 아마 어미가 옆에 있었다면 결코 그런 일은 일어나지 않았을 것입니다. 어미와 떨어진 순간 그들은 바로 사지(死地)로 내몰린 셈입니다.

　지금 이 순간 우리들의 어미는 누굽니까. 나를 나아 준 육신의 어미를 찾습니까. 하지만 그 어미는 나를 낳았을 뿐이지 내 영혼까지 지켜 줄 수는 없습니다. 그 어미까지 지켜 주실 우리의 영원한 '어미'는 바로 예수그리스도입니다. 그 품을 떠나는 순간 우리는 중랑천변을 떠나 자동차 전용도로로 들어와 헤매고 있는 어린 오리 떼들과 같아질 것입니다. 참 아찔하지 않습니까. 그 어미를 놓치지 않도록 열심히 기도하며 삽시다.

아침고요수목원

'부지깽이도 한몫 거든다'는 농번기가 지나고 나자 몸과 마음이 좀 여유로워졌습니다. 덕분에 지난주 일요일은 시골에 내려가지 않고 혼자만의 시간을 가질 수 있었습니다. 모처럼 주어진 이 시간을 어떻게 보내야 역사(?)에 남을까 싶어 생각 끝에 경기도 가평에 있는 '아침고요수목원'을 찾기로 했습니다.

언젠가부터 한번 다녀오리라 마음만 먹었던 곳이라 위치와 시설 등은 어느 정도 알고 있었지만 막상 가 보니 생각보다 훨씬 훌륭했습니다. 진입로 폭이 좁아 운전이 서툰 이들은 애를 좀 먹겠다 싶기도 했지만, 그 자체도 수목원에 대한 기억을 오래 갖게 할 것 같아 입가엔 미소가 났습니다.

'아침고요수목원'

이름 자체부터 범상치 않은 이곳은 사방팔방이 산으로 둘려 있어 경기도에 이런 곳이 남아 있을까 싶어질 정도입니다. 평일과 주말 입장료가 달라 난 8천 원을 주고 들어갔는데, 입구 좌측에

있는 기념품가게엔 '토요일은 물건을 판매하지 않습니다'라는 안내
문구를 보면서 또 다시 웃음이 나왔습니다. '안식일'을 아는 이들
만 지을 수 있는 그런 미소였습니다.

영화 '편지'에서 보았던 장면들과 내가 현재 보고 있는 풍경들이
겹쳐지면서 나 역시 영화 속 주인공이 돼 가는 그런 착각이 들기
도 했습니다. 고향집 정원과 아로마와 허브향이 넘쳐나는 뜰, 하늘
을 찌르는 침엽수 사이로 난 오솔길, 그리고 각종 분재와 4천여
종에 이르는 식물들은 도시생활에 찌든 몸과 마음을 청량감으로
넘쳐 나게 만들어 주었습니다. 그중 보물찾기 때처럼 한 가지씩
눈에 들어오는 푯말은 여전히 입가에 미소를 짓게 만듭니다. 하늘
정원이 그렇고 에덴정원이 그렇습니다.

이쯤 되면 이곳 주인이 우리 마음과 닮아 있는 이라는 짐작이
가고도 남습니다. 아마 그 주인은 이 세상 어딘가에 하나님이 지
으신 에덴동산의 모습을 재현하고 싶었는지도 모릅니다. 아님 그
모습을 흉내라도 내서 세상 사람들에게 하나님의 존재를 부각시키
고 싶었을 수도 있습니다. 그래서 '에덴정원'과 '하늘정원'이라는
이름을 아낌없이 썼을 거라는 생각이 미칩니다.

저녁노을이 지고 어스름이 몰려올 때까지 거기서 머물다 왔습니
다. 사람이 산다는 거, 참 복잡하기도 하지만 때론 미친 척(?) 한
박자 늦춰 가다 보면 몸과 마음이 훨씬 편해질 때도 있다는 거,
아침고요수목원이 주는 메시지 같았습니다. 모처럼 쉬는 날, 모처
럼 좋은 감동 받고 왔습니다.

하나님은 사랑이시라는 -.

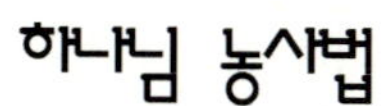

하나님 농사법

요즘 평소 관심 있는 분야의 책 한 권을 읽고 있습니다.

농사꾼이 쓴 '태평농 이야기'라는 책인데, 나 역시 어떻게 하면 도시 생활을 하면서 고향집 농사를 손수 지을 수 있을까 하며 내심 고민이었던 탓에 이 책에 대한 관심이 유별났습니다. 그런데 이 책을 읽으면 읽을수록 이 농부의 농법이 '하나님 스타일'이라는 확신이 들게 됩니다.

땅도 갈지 않고 비료와 제초제, 농약도 사용치 않는 방법이 그렇습니다. 풀이나 병충해도 '원수'가 아닌 '자연의 일원'이며 무조건 없애는 것보다 작물과 선의의 경쟁을 통해 서로가 '상생'하는 법을 터득한 이가 바로 이 농부였습니다. 그래서 이 농부는 자신의 농법에 대해 '태평농법'이라고 말하고 있습니다.

그도 그럴 것이 씨를 뿌리고 나면 이미 농사 다 지은 배나 다름없으니 그렇게 부르는 것이 당연하기도 합니다. 남들처럼 논밭을 경운하고 농약을 뿌리고 제초작업을 하느라 여름내 고생하는 일이 없으니 당연히 태평상태가 되는 것입니다. 자연의 법칙대로라면 모든 씨는 일부러 뿌리지도 않아도 스스로 땅에 떨어져 뿌리를 뻗고 싹이 나 대지에 정착하게 됩니다. 그런데 인간들은 과학영농이라는 명분아래 강제적으로 싹을 틔우고 농약을 뿌려 대 '익충'까지 다 죽여 버립니다. 자연과의 공생이 아니라 내게 필요 없는 것은 모두 없애 버림으로써 환경을 파괴하는 괴력집단으로 변질되고 있는 셈입니다.

지금의 농사법은 하나님 보시기에도 좋지 않은 면이 너무 많이 있습니다. 그래서 이 태평농법에 관심을 갖게 되었고 나 역시 소출은 적더라도 농약과 제초제 등을 쓰지 않고 농산물을 생산해 내기 위해 이 방법을 써 보기로 했습니다. 물론 올해는 늦어 소용이 없지만 내년부터는 일부 논에서부터 시작해 보려고 합니다. 태평농법이 아닌 '뿌린 대로 거두리라'는 하나님 농법으로 말입니다.

키스데이

오늘이 '키스데이'라는 거 알고 계세요.

사오정처럼 '먼데이'라고 다시 물으면 '월요일' 하고 대답해 봐야 썰렁하기는 마찬가지입니다. 신세대들이 매월 14일마다 이벤트처럼 마련해 서로 희비(喜悲)를 자초하는 것이 기성인들에게는 그저 아이러니할 뿐이니까 말입니다.

로즈데이였던 지난 달 14일 장미 44송이를 받으면서 '사랑하고 사랑한다'는 고백을 받은 커플이라면 오늘은 키스를 나누며 사랑을 확인하는 그런 날이 되는 셈입니다. 그래서 이름도 키스데이랍니다.

키스-

이직도 이 말이 생소하기는 40대 이후 기성인들 사이 비슷하리라는 생각이 듭니다. 연애할 때 손잡고 있는 것만 들켜도 얼굴이 벌게지던 이들이 많았던 까닭입니다. 하지만 요즘 젊은이들은 굳이 키스데이가 아니래도 벌건 대낮에 뽀뽀 아닌 키스를 해 대는 이들이 적지가 않습니다. 드러내 놓고 하는 키스가 아니라면야 눈살

찌푸릴 것까지는 없지만 그래도 아직까지는 세대차이까지 줄일 수
는 없나 봅니다. 그런데 오늘은 대놓고 키스해도 좋다는 뜻이 깔
린 키스데이니―. 나이 든 이들은 가능한 한 외출을 삼가는 게 평
상심을 유지하는 길일 듯싶어집니다. 헌데 키스 종류는 또 어찌
그리 많은지 모르겠습니다.

가만 보니 버드키스(bird Kiss 작은 새가 부리를 부딪치는 것처
럼 서로 가볍게 입술과 입술을 맞대기만 하는 것)에서부터 크로스
키스(Cross Kiss 입술을 살짝 다문 채 교차시켜 닿게 하는 키스),
햄버거 키스(Hambuger Kiss 입술을 열고 상대의 위 혹은 아래 입
술을 사이에 끼워 무는 거), 에어 클리닝 키스(Air Cleaning Kiss 상
대의 입안에 살짝 공기를 불어 넣는 키스), 슬라이딩 키스(Sliding
Kiss 위아래 입술을 밀착시키고 누르면서 머리를 좌우로 흔드는 키
스), 인사이드 키스(Inside Kiss 입술과 혀를 받아들이는 키스), 레슬
러 키스(Wrestler Kiss), 프렌치 키스(French Kiss), 이팅 키스(Eating
Kiss), 아이드 스페이스 키스(Wide Space Kiss) 등등.

하지만 어머니가 아이에게 하는 뽀뽀만 한 사랑의 키스가 어디
있겠습니까. 또 교황이 방문국에 가 첫발을 딛는 순간 땅에 입맞
춤하는 '침구'행위도 볼만합니다. 그러나 뒷골목에서 술 취한 남녀
가 아무렇게나 해 대는 키스는 보는 이들의 눈살을 찌푸리게 합니
다. 나는 개인적으로 가장 감동적인 키스를 손꼽는다면 예수님 발
등에 향유를 뿌리고 엎드려 키스를 한 여인의 모습입니다. 이 키
스는 상상만으로도 내 마음속까지 정결해지는 느낌이 듭니다.

키스―

어떤 상대와 어떻게 하느냐에 따라 그 반응과 영향이 달라진다

는 거, 그래서 매력이 더 있나 봅니다. 키스데이를 보내면서 앞으로는 상술과 욕망이 넘쳐 나는 키스 대신 진정한 사랑과 순결이 보장되는 그런 아름다운 키스가 이 땅에 넘쳐 났으면 합니다.

클로버, 다시 말해 토끼풀에 대한 추억은 누구나 가지고 있을 법합니다. 물론 요즘 세대 아이들은 빼고 말입니다. 나 역시 하굣길에서 무료해지면 친구들과 풀밭에 쭈그리고 앉아 네잎클로버를 찾느라 눈알이 빠질 만큼 집중한 적이 한두 번이 아니었으니까 말입니다.

어느 날은 저녁 어스름이 덮쳐 와도 모를 정도로 푹 빠져 있었는가 하면 몇 시간을 낭비하고 네잎클로버를 찾지 못해 울상을 짓기도 했었습니다. 그런 날은 순이와의 약속 때문에 더 그랬습니다. 대신 세 잎 토끼풀에다 한 잎을 더 얹어 책갈피에 넣고 그 위에 돌을 올려놓아 억지로 눌러 붙게도 했습니다. 압력을 받아 마르게 되면 네잎클로버로 변신(?)한다는 것을 알고 있었기 때문입니다. 어렸을 때도 영악하기는 지금이나 다를 바 없었나 봅니다.

그런 추억이 깃든 클로버가 지금 고향집 근처에는 지천입니다. 그런데 얼마 전에는 붉은 클로버를 보게 됐습니다. 집근처에서 레

드클로버를 본 것은 처음이라 신기하기조차 했습니다. 새색시 볼처럼 붉은 꽃송이가 수줍게 피어 오른 모습을 보니 귀한 식물을 발견한 그런 느낌이 왔습니다.

그렇잖아도 네잎클로버가 행운의 상징인데 붉은 꽃을 봤으니 '따따불'(?)로 행운이 몰려올 것 같았습니다. 예전 같았으면 얼른 붉은 꽃송이를 따서 순이 반지도 만들어 주고 팔찌와 목걸이도 만들어 주었을 텐데 이젠 꽃송이를 따는 것보다는 보는 것이 더 즐거운 나이가 돼 버렸습니다. 현실보다 전설을 더 사랑하고, 그 이야기를 이젠 아이들에게 거짓말 조금 더 보태어 들려줄 줄 아는 연륜도 몸에 배었나 봅니다. 하지만 아직 손자 볼 나이도 아니고 그렇다고 가슴에 묻어 놓은 이야기보따리는 넘쳐 나고-. 그래서 살아가는 이야기가 필요한지도 모릅니다.

네잎클로버가 행운을 상징하는 심볼이 된 것은 프랑스의 황제 나폴레옹이 러시아군대와 전투를 하고 있을 때 문득 말발굽 밑에 있는 네잎클로버가 눈에 띄었다고 합니다. 그 순간 나폴레옹은 무심코 이것을 따려고 허리를 굽혔는데, 바로 그때 적의 총탄이 스치고 날아갔답니다. 물론 네잎클로버가 아니었다면 나폴레옹은 죽은 목숨이나 다름없었을 것입니다. 네잎클로버 때문에 생명을 구했다 해서 이때부터 네잎클로버는 행운의 상징이 되었다는 겁니다.

행운의 상징인 네잎클로버는 보는 이로 하여금 기분을 달뜨게 하는 묘한 매력이 있습니다. 심봤다 할 만큼 말입니다. 오늘 우리 모두 네잎클로버 찾는 심정으로 예수님을 찾아보면 어떨까요.

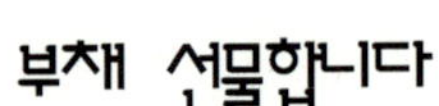

부채 선물합니다

천 원에 두 개. 그것도 천에다 그림까지 곁들여 '황진이'가 들고 다녀도 손색없을 만한 것이 5백 원에 불과합니다. 얼마 전까지만 해도 천 원에 한 개씩인 것 같았는데 지금은 두 개씩 파는 것이 대세가 돼 버렸나 봅니다. 전철 안에서 파는 중국산 부채 이야기입니다.

가격이 너무 싸 혹시나 하는 마음으로 천 원을 주고 두 개를 샀습니다. 펼쳐 보니 제대로 된 부채였습니다. 부챗살도 단단했고 가공도 훌륭했습니다. 이렇게 좋은 상품이 어떻게 5백 원밖에 안 할까. 그야말로 껌 값에 지나지 않은 부채를 들고 다니며 요즘 긴하게 사용하고 있습니다. 30도가 넘는 날씨에 아무리 에어컨 시설이 잘됐다 해도 밖으로만 나오면 금세 햇빛과 푹푹 찌는 더위를 피할 수 없는데 이때 부채를 꺼내 해가림도 하고 간간히 부쳐 주면 내 몸이 호강을 하는 것입니다. 5백 원짜리 부채로 말입니다.

그런데 부채를 사용하다 보니 그 쓰임이가 다양한데 놀라게 됩니다. 우선 부채는 햇빛을 가리고 바람을 내 시원하게 하는 기본 용도 외에 의례용이나 장식용으로도 많이 쓰이는 것을 볼 수가 있으며, 운동회나 오락 때 지휘봉의 구실도 하는 것을 보게 됩니다. 판소리나 창을 할 때는 긴장감과 흥을 고조시키는 시각적인 도구가 되기도 합니다.

반면에 부채의 바람은 재앙과 병을 몰고 오는 부정한 것들을 쫓는다는 뜻도 담고 있습니다. 서양에서도 부채의 바람은 악마를 쫓는다고 합니다. 지금도 굿을 할 때 복을 불러들이고 잡귀나 재앙을 멀리 쫓아내는 도구로 부채가 사용되는 것은 바로 이러한 이유 때문이랍니다. 어디 이뿐입니까. 불을 지필 때 바람을 만드는 게 부채였고 외출 시 길에서 꼴 보기 싫은 사람을 만나게 되면 얼른 얼굴을 가리는 데도 부채만 한 것이 없었습니다. 그래서 한때는 부채가 내로라하는 사람들의 소지품 1호가 되기도 했습니다.

음력으로 5월 5일인 오늘은 1년 중 양기가 가장 많다는 '단오'입니다. 창포물에 머리를 감고, 수리치를 넣어 만든 둥근 절편을 만들어 먹은 뒤 아낙들은 그네를 뛰고 남정네들은 씨름으로 힘겨루기를 하면서 하루를 즐기는 날입니다. 지금이야 단오가 뭔 날인지도 모르고 넘기는 이들이 더 많지만 말입니다. 하지만 단옷날의 하이라이트는 부채를 선물하는 것입니다. 이를 두고 단오부채(端午扇)라고 하는데 과거 조선시대만 해도 공조(工曹)에서 단오부채를 만들어 진상하면 임금은 그것을 각궁의 신하들과 시종들에게 나누어 주었다고 합니다. 덕분인지 몰라도 부채는 반상은 물론 임금님도 좋아하기는 마찬가지였나 봅니다.

조선 태종 임금이 남긴 부채에 관한 시를 보면 이를 짐작해 볼 수가 있습니다.

'바람 쐬는 평상에 앉아 밝은 달을 생각하며 달빛 비치는 집에서 시를 읊을 때 맑은 바람을 생각하도다. 대 깎고 종이 붙여 방구 부채 만든 뒤에는 밝은 달 맑은 바람이 이 손 안에 있도다'

우리 속담에도 '단오 선물은 부채요, 동지 선물은 책력'이라는 말이 있습니다. 오늘 단오를 맞아 우린 부채 선물도 좋지만 올 여름 더위 먹지 말고 건강하게 지내라는 의미에서 덕담 한마디씩 나누면 어떨까요. 부채 바람보다 더 시원한 것으로 골라서 말입니다.

말

오래전, 우리 이웃동네서 있었던 일이랍니다.

모내기철인지라 동네 사람 모두가 들판에서 살다시피 할 때였습니다. 하루는 오후 참을 먹고 논둑에 앉아 쉬고 있는데 마을 입구로 한 처자가 들어오는 것이 모두의 눈에 띄었답니다. 짧은 치마에 양장 차림의 이 아가씨는 언뜻 보아도 세련된 게 묻지 않아도 도시에서 오는 처자임에 틀림이 없었습니다.

그렇잖아도 일에 찌들고 오참 후에 무료해 있던 이들에게는 좋은 눈요깃감이었습니다. 마침 이때를 놓칠세라 평소 걸쭉한 농담을 좋아하던 오씨가 멀찍이서 걸어오는 아가씨를 보곤 다들 들으라는 듯이 한마디 했답니다.

'에이 – 고년. 보기만 해도 군침이 넘어가는 게 한번 껴안고 잤으면 소원이 없겠네 – .'

다른 이들도 비슷한 생각을 했는지 그냥 허! 허! 따라 웃고 말았는데, 잠시 후 그 아가씨의 윤곽이 들어날 만큼 가까워지자 그만 농을 했던 오씨의 얼굴이 새빨개지더라는 것입니다. 그 아가씨는 바로 객지서 직장생활을 하던 오씨의 큰딸이었기 때문입니다.

이날 이후,

동네 남정네들은 오씨만 보면 실실 웃으면서 한마디씩 해 댔답니다.

'그려, 보기만 해도 군침 넘어가는 년하고 껴안고 잔겨?'

이 말만 하면 오씨는 주변에 있는 쇠스랑이나 괭이 등 손에 잡히는 것이면 아무거나 들고 쫓아와 죽여 버리겠다고 소리쳐 댔답니다. 말 한마디 잘못했다가 평생 씻지 못할 망신을 달고 살게 된 오씨입니다.

'말 한마디로 천 냥 빚을 갚는다'는 속담이 있습니다. 하지만 말 한마디 잘못해 삼대가 멸족된 역사도 있습니다. '낮말은 새가 듣고 밤말은 쥐가 듣는다'고 했습니다. 농담 한마디가 듣기 여하에 따라 평생의 한이 될 수도 있고 격려의 말 한마디가 성공의 열쇠가 되기도 합니다.

지금 우리 모두에게는

위로의 말 한마디

용기의 말 한마디

용서의 말 한마디

더불어 '사랑한다'는 말 한마디가 필요한 때인 듯싶습니다.

콩 세 알을 심는 이유는—

　말하기 좋아하는 사람들 중에는 농부들이 한 구멍에 콩 세 알 심는 이유를 이렇게 설명합니다. '한 알은 새가 먹고, 또 한 알은 땅 속에 사는 동물들이 먹고, 그리고 마지막 한 알은 싹이 터 사람이 먹는다'고 말입니다. 그런가 하면 어떤 이는 심은 콩이 싹이 터 나올 때 외롭지 말라고 세 알을 심어 놓는다고 합니다. 형제처럼 사이좋게 자라라고—.

　언뜻 들으면 참 신통한 표현 같습니다. 그러나 실제로 농사를 지어 보면 누군가가 지어낸 말로밖에 들리지 않습니다. 아니 말도 안 되는 소리에 짜증까지 날 때가 있습니다. 비둘기라는 놈은 콩이 새싹을 틔워도 그것을 다 쪼아 먹고 까치는 한술 더 떠 농부들이 언제 콩을 심는지까지 알고 있는 것처럼 콩 구멍을 기가 막히게 파헤쳐 놓습니다. 이런 모습을 보자면 날짐승이라고 욕심이 덜하지 않다는 생각이 듭니다. 때문에 콩 세 알 중 한 알을 새들 몫으로 내놓는다 해도 비둘기나 까치는 나머지 두 알도 가만두지 않

습니다. 결국 이 날짐승들이 지나간 뒤에는 심은 콩 알이 하나도
남아나지 않습니다.

덕분에 시골에서 까치나 비둘기를 보게 되면 제일 먼저 '욕'이
나가고 그다음엔 '돌멩이'가 날아갑니다. 이들이 농사꾼들의 가장
큰 원수가 된 지 오랩니다. 지난주 일요일은 시골집에 내려가 두
렁콩을 심었습니다. 논과 논의 경계를 두렁이라 하는데 이 공터를
따라 콩을 심은 것입니다. 벼 농약을 할 때 자연스럽게 콩 쪽으로
날아가 방제가 되고, 또 논두렁은 항상 습기가 많기에 콩이 잘 자
랍니다. 이 콩 맛은 또 유별나 장에 내가 팔기보다는 집안 식구들
끼리 나눠 먹는 경우가 더 많습니다.

두렁콩 심을 때는 논두렁을 따라 곡괭이로 구멍을 파고 그 안에
잘 영근 콩 알 댓 개를 넣은 뒤 흙으로 잘 덮어 주면 됩니다. 그
런데 이 콩도 '들비둘기'가 가만두지 않습니다. 어떻게 그리 용케
도 아는지-. 그래서 콩을 심고 흙으로 덮고, 그 위에 재(灰)를 뿌
리기까지 하지만 잘 속아 넘어가지 않습니다. 이런 것을 보면 머
리 나쁜 이를 두고 누가 '새대가리 같다'는 말을 쓰기 시작했는지
궁금해집니다.

콩 세알 심는다는 것은 비유를 들기 좋게 꾸민 말임도 압니다. 하
지만 그 비유가 자칫 현실과 괴리되는 것이라면 사용치 아니함만
못할 수도 있습니다. 다만 한 가지 확실한 것은 아무리 콩을 많이
심어도 하나님께서 비를 주지 않으시면 그 콩은 싹을 내지 못한다
는 것입니다. 설령 싹이 난다 해도 곧 말라 죽습니다. 따라서 농부
들이 세 알 콩을 심는 것은 어쩜 '성부 성자 성령'을 기억하라는 뜻
으로 해석하면 더 근사할 것 같습니다. 이 또한 나만의 생각일까요.

놓친 물고기만 크다?

요즘 사무실 막내가 낚시에 푹 빠져 삽니다.

경기도 '수동'이 고향인 탓에 일요일만 되면 그 근처 개울에 가서 낚시를 하고 퇴근 후에는 '일송' 부근의 연못과 하천서도 낚시를 하나 봅니다. 그러자니 새벽 2시까지 밤이슬 맞는 것은 기본이고, 어떤 때는 밤을 꼬박 새운다고 합니다. 참 별난 정성입니다.

덕분에 사무실 식구들은 낚시 이야기로 하루를 시작하는 경우가 많습니다. '거짓말 하나도 안 보태고요, 어젯밤에는요 이따만한 물고기를 잡다가 그만 놓쳐 버렸어요. 다시 그놈을 잡으려고 애쓰다가 그만 밤을 새고 말았다니까요.' 아직도 눈이 충혈된 것이 밤을 샌 흔적이 역력한데 팔뚝을 걷어 올리며 '이따만 한 물고기였다'는 대목에서는 모두가 고개를 흔들어 댑니다.

'아예 상어를 잡았다고 해라. 아님 고래라고 하든가 - .'

그러면 막내는 억울하다는 듯이 '정말'이라며 목에 핏대가 서도록 항변을 해 댑니다. 어떤 날은 답답해 죽겠다는 듯이 제 가슴을 치면서 진짜라니깐요 소리를 연발합니다. '그려 아침 뉴스에 나오더라. 느그집 근처에 눈멀고 개념(?)없는 물고기가 지천이라고－' 항상 놓친 물고기가 커 보인다는 말은 낚시꾼들의 '공통언어'인가 봅니다. 막내도 놓친 물고기는 언제나 크고, 잡은 물고기는 겨우 손가락 크기에 불과하니까 말입니다.

하루는 핸드폰 사진기로 잡은 물고기를 찍어 왔는데 언뜻 보기에 엄청 커 보였습니다. 그런데 자세히 살펴보니 카메라 렌즈 앞에 바짝 놓고 찍은 '트릭 사진'이었습니다. 그러니까 물고기가 놓친 고기만큼이나 커 보였던 것입니다. 낚시에 빠져 들면 마누라는 일요 과부가 된다는 말이 있습니다. 사무실 막내도 쉬는 시간만 되면 낚싯대만 챙기니 은근히 걱정입니다.

고기 대신 참한 아가씨나 낚아(?) 빨리 장가나 들었으면 하는데 아직은 사람보다 물고기 낚는 게 더 좋은가 봅니다.

게다가 물고기 낚는 법부터 배운 뒤에 그 경험으로 사람도 낚고 비신자도 낚아 교회가 꽉 차게 할 거라고 호언하는 막내를 보면 그냥 웃음만 나옵니다. '그려 잘되라는 보장은 하나도 없지만 그래도 열심히 해 봐' 덕담인지 악담인지는 모르겠지만 우린 늘 그에게 한마디씩 아끼지 않습니다. 오늘은 이따만한 물고기 잡으라며 바짓가랑이를 허벅지까지 올려 부치는 '오버액션'까지 보태면서 말입니다.

6 · 25는 무효다

　매년 이날이 오면 난 '비실비실' 입가에 웃음을 달고 삽니다. 달력에 있는 숫자는 분명 6 · 25인데 웃음이 난다면 좀 이상(?)한 쪽으로 생각할 수도 있습니다. 그래도 웃음이 나는 것은 참을 수가 없습니다. 이 민족과 나라를 위해 산화한 호국영령들에게는 죄송하지만 말입니다. 그렇지만 여러분도 금세 웃음이 나올 수밖에 없을 겁니다. 이 글을 읽고 나면 말입니다.

　한 초등학교 선생님이 아이들에게 6 · 25를 주제로 표어를 하나씩 작성해 오라고 숙제를 내주었답니다. 나 역시 학교 다닐 때 많이 해 봤던 숙제입니다. 며칠 뒤 아이들은 갖가지 아이디어를 짜내 표어를 지어 왔습니다.

　'잊지 말자 6 · 25 무찌르자 공산당'

　'간첩은 표식 없다 자나 깨나 살펴보자'

　'간첩신고는 113 화재신고는 119' 등등……

　그런데 선생님은 한 아이가 써 온 표어를 보고 그만 자지러지고 말았답니다. 그 아이가 쓴 표어는 '6·25는 무효다. 다시 한 번 붙어 보자'였습니다. 오늘은 6·25전쟁이 발발한 지 57주년이 되는 날입니다. 모두들 잊어 가고 있는 날짜지만 되돌아보면 이날만큼 참혹한 역사도 드물 겁니다. 그러나 한국전쟁을 경험한 세대가 점차 감소하면서 많은 이들은 6·25를 역사에서나 기억되는 그런 날로 치부하는 경우가 점점 늘어 가는 것 같아 안타깝습니다. 나 역시 6·25전쟁 이후 세대에 속하지만 우리는 앞으로 치러야 할 전쟁이 많은 사람들입니다.

세상의 죄악과 병마와도 싸워야 하지만 마지막 때 정말 피할 수 없는 선악의 대쟁투에서 우린 그 일선에서 싸워야 할 하늘 군병들입니다. '야곱의 환란'과 '아마겟돈 전쟁'에서도 반드시 승리해야 할 사람들입니다. 6·25전쟁이 방심한 탓에 일어난 것이라고들 합니다. 지금 우리는 기름을 준비하고 신랑을 기다리던 현명한 다섯 처녀처럼 설마와 방심을 경계하면서 '군병'같이 살아가야 할 것입니다. 그래서 '6·25는 무효다. 다시 한 번 붙어 보자'라는 엉뚱한 대답이 나오지 않도록 정신적으로나 육체적으로 단련을 꾀해야 할 것입니다. 오늘은 6·25전쟁이 발발한 지 57주년이 되는 날입니다.

내 '비상키'는 기도—

가끔 고객의 요청으로 자동차를 탁송할 때가 있습니다.

대부분은 서울이나 경기 일원일 경우가 많지만, 어떤 때는 부산이나 울진 등 지방이 포함될 때가 있습니다. 이땐 새벽 일찍 출발해야 되돌아오는 길이 수월합니다. 만약 현지서 교통편이 끊기면 정말 낭패를 당하기 쉽기 때문입니다. 하지만 모든 일이 어디 내 뜻대로만 됩니까. 정비소에서 차가 늦게 나온다거나 고객의 입금이 늦어지면 덩달아 탁송 시간도 지연되게 됩니다. 이럴 땐 정말 '똥꼬'가 바짝바짝 타 들어가는 느낌이 듭니다. 더군다나 한 번도 가 보지 않은 지방이라면 더 그렇습니다.

어제는 갑자기 지방 탁송을 가게 됐습니다. 고객이 차를 구입했는데 운전이 서툴러 자신이 없다며 자기 집까지 탁송을 의뢰한 것입니다. 할 수 없이 나이 많은 내가 나서기로 했습니다. 좀 늦은 시간이다 싶었지만 동승자가 있고 그 지역을 잘 알고 있을 것 같아 안심이 되기도 해섭니다. 그런데 출발하면서 보니 몇 가지 정비가 덜 된 곳이 있었습니다. 부랴부랴 정비소에 들러 수리를 했습니다만 그만큼 시간이 오버됐습니다. 더군다나 퇴근 시간대와 겹치면서 속도가 영 나질 않았습니다.

목적지에 도착하고 나니 밤 9시 반. 처음엔 시내려니 하고 갔었는데, 그 시내를 한참 벗어나 시골 한가운데가 목적지라 이미 교통편은 다 끊겼고 지나다니는 차도 볼 수가 없었습니다. 자동차 주인은 '어떡하죠' 소리만 몇 번 연발하다 집으로 들어가 버리고 나만 길가에 홀로 남아 하염없이 지나가는 차를 기다리고 있었습니다. 정말 난감했습니다.

'그려, 기도는 이럴 때 하라고 있는 거 아녀'

바로 아스팔트 길가에 서서 기도를 했습니다. '주님 제가 서울까지 올라가야 하는데 지금 차편이 없습니다. 원하옵건대 금세 차가 나타나 나 좀 태워 주게 하시고 서울까지도 무사히 갈 수 있도록 도와주소서.' 급한 마음에 기도를 했지만 그게 금방 들어지리라고는 생각하지 않았습니다. 그리곤 한 발걸음이라도 줄일 양으로 길을 따라 하염없이 걷기 시작했습니다.

그때였습니다.

자동차 불빛이 보이는가 싶더니 커다란 차가 한 대 달려오는 것이 보였습니다. 옳다구나 싶어 얼른 손을 흔들었습니다. 아니 두 손을 힘껏 흔들어 댔습니다. 하지만 차는 내 앞을 쏜살같이 지나갔습니다. '그러면 그렇지 에라—' 하고 지나간 차에 '쑥떡'을 먹이려는 순간 차가 급정거를 하면서 멈추는 것이었습니다. 나는 1백 미터를 달리는 심정으로 뒤쫓아 갔습니다. 그리곤 소리쳤습니다. 시내까지만 태워다 달라고 말입니다.

그 차는 사람을 태우지 않고 차고지로 돌아가는 빈 시내버스였습니다. 운전사는 차고지로 갈 때는 절대 사람을 태우지 않는데 오늘은 갑자기 이상한 생각이 들면서 자신도 모르게 차를 멈추고 말았다는 겁니다. 그러면서 요금도 필요 없으니 그냥 타라는 겁니다. 더 놀라운 것은 차고지에 도착해섭니다. 운전수는 요금통을 사무실에 반납하면서 시계를 보더니 나보고 잠시 기다리고 있으랍니다. 시외버스 터미널까지는 더 나가야 되는데 마침 방향이 같으니 자기 차로 그곳까지 데려다 주겠다고 말입니다.

덕분에 막차를 놓치지 않고 탈 수가 있었습니다. 차도 끊기고 인적도 없는 시골에서 작은 차도 아니고 큰 시내버스를 보내주시고 다른 때 같았으면 무슨 일이 있어도 사람을 태우지 않는다는 차가 갑자기 멈춰서고, 그것도 모자라 다시 자기 승용차로 시외버스 터미널까지 나를 모셔다(??) 준 그 착한 기사의 이면에 예수님이 서 계셨다는 사실을 지금에야 깨닫게 됩니다.

작은 일에서까지 나를 잊지 않으시고 항상 앞길을 예비하시는 주님을 왜 평상시에는 까마득히 잊고 사는지 ―. 그래서 난 언제나 부족한 자녀로 머물러 있는지 모릅니다. 나이는 꽉 찬 어른이면서 말입니다. 기도는 내 '비상키'라는 사실, 이번에 또다시 체험했습니다.

'연식'(?)이 오래되다 보니_

격투기 선수도 잔뜩 긴장해 얼어붙는 곳은 어딜까요.

치과, 아닌가요.

어릴 때는 물론이고 성인을 넘어 늙어 가는 마당에서도 치과만 들어서면 아직도 오금이 저려 옵니다. 더군다나 이를 갈아 내는 그라인더 소리만 들리면 왜 그리 심한 공포감마저 드는지.

요즘 일주일 동안 이틀이 멀다하게 치과를 다녔습니다. 충치가 생긴 게 있었는데 아프지도 않고 다른 불편도 없어 차일피일 미루다 맘먹고 갔는데 의사선생 첫마디가 '너무 늦게 왔다'는 겁니다. 충치가 좀 깊어 일부 갈아 내고 치료하는 단계는 넘었고 이를 새로 해 넣어야 한다는 겁니다. 아프지도 않고 불편하지도 않다고 거듭 강조했지만 나중에 다시 도질 수가 있으니 차제에 확실히 치료를 해야 한다는 겁니다.

결국 설득을 당해 이를 새로 해 넣기로 하고 충치 치료부터 받았습니다. 그런데 보기 멀쩡한 이를 기둥만 남겨 놓고 다 갈아 버려 코미디에 나오던 '영구'처럼 변하게 하더니 거기에 임시 치아를 씌워 보기 흉하지 않게 하는 겁니다. 그리고 일주일 뒤인 어제 새 이를 끼워 넣었습니다. 잘 관리하면 7 - 8년 간다나요.

잇몸에 놓는 마취 주사는 어쩜 그리 아픈지 거기다가 생니를 그라인더로 갈아 내는 그 소린 차마 두 번 듣기 싫었습니다. '너무 늦어 그렇다'는 말을 들을 때 이미 각오는 했습니다만 아픈 것도 그랬고, 치료시기를 좀 넘겼다고 좀 나은 이 한 대에 40만 원이라니 - . 정말 속이 쓰렸습니다.

내 몸도 이젠 연식이 오래되다 보니 이곳저곳 '보링'해야 할 곳이 생기기 시작합니다. 이도 그렇지만 머리도 새치를 넘어 점점 더 희어지고 무릎도 삐걱거릴 때가 많습니다. 눈은 침침해져 이제 안경도 써야 할 것 같고, 아랫배는 임산부를 닮아 갑니다. 아마 제대로 견적을 내 보면 괜찮은 자동차 한 대 값은 족히 들어갈 것 같습니다. 거울 앞에서 '이 세상에서 제일 멋진 사람이 누구게?' 하고 묻던 때가 엊그제 같은데 이젠 언감생심 입도 뻥끗 못하게 생겼습니다.

말로는 한 30 - 40년 참고 말지 하면서도 당장 불편해 참고 지낼 배짱도 못 됩니다만 하루가 무섭게 허술해지는 몸뚱일 보면서도 위안이 있다면 예수님 잘 믿어 진짜 몸짱으로 부활하는 기대가 크다는 겁니다. 지금에야 좀 초라하면 어떻습니까. 나중에 예수님께서 멋지게 성형해 주실 텐데 말입니다. 하지만 심판대 앞에서 치과에서 들은 그 소리를 다시 듣게 되면 말짱 도로묵입니다.

'너무 늦었어. 진작에 왔어야지 - '

크 - . 생각만 해도 질리지 않습니까. 지금부터라도 그 소리 듣지 않도록 분발합시다.

귀 얇고, 맘 약하고—

귀 얇고 맘 약한 사람들의 특징이 뭔 줄 압니까. 집안에 별 이상한 물건들을 많이 싸 놓고 산다는 겁니다. 귀 얇고 맘 약한 것하고 물건 많은 게 무슨 상관이냐고요ㅡ. 상관있지요, 그것도 엄청나게 말입니다. 귀 얇고 맘 약하기로는 내 집사람을 빼놓을 수가 없습니다. 전철이나 버스를 타고 다니다 보면 간혹 잡상인을 만나게 됩니다. 잡상인이 현란한 솜씨로 물건을 소개하기 시작하면, 아내는 벌써 핸드백에 손이 가고 금세 천 원짜리가 삐죽 나옵니다.

'여보 저거 신기하지 않아?'

내 의견을 들으려기보단 벌써 그 상품에 취해서 물건부터 사고 보는 것입니다. 필요 없는 물건일지라도 설명만 들으면 아내 지갑은 대답이라도 하듯 입이 열리고 맙니다. 덕분에 집안에는 별별 물건이 다 쌓여 있습니다. 효자손에 부채, 손전등은 셀 수도 없고 우산에 미니선풍기 티셔츠까지도 그대로 쌓여 있습니다. 뜯어보지도 않은 것이 얼마인지도 모릅니다. 그래도 다행인 것은 그게 대부분 천 원짜리고 비싸야 5천 원이 넘지 않는 것들이라는 것입니다. 아마 그런 것들이 몇만 원씩 했다면 그 액수가 엄청났을 겁니다. 모든 게 '귀 얇고 맘 약한 탓'입니다.

그런데 우리 사무실 사람들도 별 차이가 없기는 매한가지입니다. 물건 파는 상인이 사무실만 들어오면 누가 됐든지 그 물건을 사고 맙니다. 얼마 전에는 고혈압에 좋다는 음료를 파는 상인이 방문한 적이 있었습니다. 이날 동생이 그 음료를 서너 박스나 샀습니다. 설명을 듣다 보니 장인 장모가 드시면 좋을 것 같아 샀다는 겁니다. 그런데 정작 장인은 몇 봉지 먹어 보고는 혈압이 더 오르는 것 같다며 먹기를 포기해 집 안에 그대로 쌓여 있다는 것입니다. 나 보고 먹으라는데, 아직 혈압도 없는데 미리(?) 먹어 두기도 찜찜해 '잘 됐다 너 늙어 혈압이 생기걸랑 먹으라'고 하고 말았습니다.

사무실 직원 한 명은 또 가시오가피 파는 이의 방문을 받곤 몸에 좋다니까 무조건 사 버렸습니다. 할부로 사선 월급 때마다 돈 나가는 것 보곤 투덜거립니다. 괜히 샀다고 말입니다. 귀 얇고 맘 약한 내 주변 사람들―. 요즘도 물건 파는 상인만 들어오면 일손 멈추고 그 말에 귀 기울이느라 정신없습니다. 아무리 제 버릇 개 못 준다고는 하지만 귀 얇고 맘 약하면 집 안에 엉뚱한 물건만 잔뜩 쌓이게 됩니다.

귀 얇고 맘 약한 사람들. 이 사람들 교회에 가자고 할 때도 그랬으면 좋겠습니다.

새 차 & 햇 차

차를 좋아하기는 예나 지금이나 마찬가지입니다.

그게 어디 나쁜일까요. 모든 남자라면 '마누라는 빌려 줘도 차는 안 빌려 준다'고 억지 부릴 만큼 차 사랑이 유별나지요. 그동안 똥차 끌고 다니며 폼 잡는 내가 안쓰러웠는지 마누라는 내 차만 보면 다음에 꼭 차 바꿔 주겠다는 말을 되풀이합니다. 벌써 3년째 말입니다. 그런데 그게 어디 쉽나요. 매일 공약만 하다 말하는 이나, 듣는 나까지 지쳐 포기한 지 오래됐습니다.

그런데 얼마 전 정말 좋은 차를 선물 받았습니다. 저녁 때 차를 가지고 집에 들어가 친구한테 꽤 값나가는 새 차를 선물 받았다고 전화하니까 아내가 깜짝 놀라는 것입니다. 어떤 친군데 고급차를 선물하냐며 믿기지 않는다는 표정이 역력합니다. '사람하곤 - 그게 뭐 그리 대수라고. 내가 그 정도도 못 받을 사람야' 하고 말하자 아내는 더 못 믿겠다며 '혹시 여자 친구 아니냐'며 화살을 엉뚱한 데로 돌리는 겁니다.

'뭐 여자친구-.여자 친구가 왜 나한테 차를 선물하냐?'

그러자 아내는 고개를 갸우뚱거립니다.

'미쳤지 당신한테 뭘 기대하겠다고 차까지 사 준담. 그나저나 당신은 좋겠수. 새 차가 생겨서-.'

'그럼 내가 올 봄에는 무슨 일이 있어도 차 하나 산다고 했었다구. 그걸 친구 놈이 어찌 알았는지-. 마침맞게 차를 사 주잖아.'

아내는 자신이 차를 사 주지 못한 미안함 때문인지 아님 묘한 질투의 발동인지 개심도 용심도 아닌 그런 묘한 기분이 드나 봅니다. 차를 보자고 하지도 않고 그냥 당신은 부자 친구 둬서 좋겠수 하면서 여전히 비아냥줍니다. 그러거나 말거나 나는 주전자에 물을 담아 가스레인지에 올려놓고 다기를 꺼냈습니다. 내 이런 모습을 보던 아내가 갑자기 자신의 이마를 치면서 박장대소합니다. 처음엔 미친 줄 알았습니다. 평소 전혀 그렇게 웃지 않던 아내인지라 더럭 겁까지 났습니다.

'여보 갑자기 왜 이래 어디 아파-'

그래도 아내는 웃음을 그치지 않습니다. 가스레인지에 올려놓은 주전자 물은 펄펄 끓고 식탁에 꺼내 놓은 차는 그대로인데 마누라만 정신 못 차리고 웃고 있으니 참 분위기 묘해졌습니다.

'여봇, 정신차려-'

내가 버럭 소리를 지르고 나서도 한참 뒤에야 웃음을 수습한 아내가 콧물 눈물범벅된 얼굴로 띄엄띄엄 말합니다.

'그 새 차 말야.'

그리곤 또 웃음을 참느라 애쓰는 모습입니다. '난 그게 자동찬 줄 알았지 뭐야. 이그 내 둔한 머리하곤-' 그리곤 다시 이마를 치면서 난리 아닌 난리를 펴 대는 것입니다. 나 역시 그때까지도 무슨 영문인지 모르고 있다가 상황파악이 되기 시작했습니다. 질투는 멀쩡한 눈도 멀게 한다더니 당신이 그 꼴이네 개념 없는 여편네 하곤-. 이날 맛난 햇 차를 마시면서 우린 한참을 그렇게 웃었답니다.

새 차, 햇 차. 정말 헷갈리나요???

'서울사람이 그러는디―'

지난 일요일 고향집서 농사일을 하던 중 '참'을 먹을 때입니다.

복중(伏中)에 일하다 보면 비 오듯 땀이 흘러 수분이 부족하기 쉬운데, 이땐 얼음물도 좋지만 잘 냉장된 수박 한 통 쪼개 먹는 것이 최고입니다. 그래서 일하기 전 수박 한 통 사다 냉장고에 넣어 두는 게 가장 큰일(?)이기도 합니다. 이번에도 예외 없이 큼직한 수박 한 통 사다 냉장고에 넣어 놓고 '참' 때 이를 꺼내러 갔다가 그만 깜짝 놀랐습니다.

분명 아침나절까지 얌전히 있던 수박이 감쪽같이 사라졌기 때문입니다. 식구라고는 일손 도우러 온 동생네와 엄니 그리고 나뿐인데, 수박 한 통이 통째로 없어졌으니 말이나 되는 일입니까. 누가 먹었다 해도 그 큰 수박을 한자리서 다 먹어 치울 리는 만무하고 설령 먹었다 해도 한두 조각쯤은 남아 있어야 정상인데 말입니다. 그래서 엄니를 불렀습니다. '엄니 여기 있던 수박 못 봤슈.' 그러자 엄니가 무슨 얘긴지 알겠다면서 부엌으로 들어오시더니 김치냉장고 뚜껑을 여는 것이었습니다.

'아-항 김치냉장고에 옮겨 놓으셨구나' 하고 있는데 이번엔 수박 대신 커다란 사각 플라스틱 통을 꺼내시는 겁니다. '수박은 어쩌시고요?' 이 말이 떨어지기 무섭게 엄니가 플라스틱 통 뚜껑을 여는 겁니다. 그 안에 보니 깍두기 모양으로 가지런히 썰어 놓은 수박조각이 눈에 띄었습니다. 포크로 꼭 찍어 한 입에 넣어 먹기 좋게 돼 있었습니다. 그런데 그 커다란 수박 한 통을 다 이렇게 잘라 놓았으니 먹다 남은 것은 변질이 될 것 같았습니다. 평소 찬 것도 잘 안 드시는 분이라 '수박 깍두기'가 더 염려됐습니다.

'엄니 이렇게 잘라 놓으면 금세 변질이 될 텐데요.'

그러자 엄니는 일없다는 듯이 이렇게 말하는 것이었습니다. '서울 사람이 그러는데 수박을 사 오자마자 이렇게 잘라서 통에 넣어 놓으면 맛도 좋고 오래간다더라-.'

'엄니 그게 아니구요. 먹을 만큼 잘라 놓고 나머지는 랩으로 씌워 놓아야 오래가지요. 그리고 랩으로 씌운 곳도 색이 변하면 잘라 내고 드셔야 한다구요.'

아무리 말씀드려도 소용없다는 것을 압니다. '서울 사람이 그랬다니까' 말입니다. 언제부터인가 우리 엄니는 서울 사람 말이라면 곧이곧대로 듣는 버릇이 생겼습니다. 뭐든지 서울 사람이 한 말은 그게 바로 법이 된 셈입니다. 이날도 막내며느리가 수박 보관법을 아무리 설명해 드려도 '서울 사람이 그랬다니까' 소리만 연발 하실 뿐 도무지 며느리 말을 들으려 하지 않았습니다.

큰며느리도 어려서부터 서울서 살았지만 고향이 경기도인 까닭에 '서울 사람' 취급을 받지 못하고, 나 역시 서울서 산 세월이 더 많은데도 미덥지 않기는 마찬가지인가 봅니다. 평생을 시골서 사신 분이라 서울에 대한 동경이 남다를 법도 하지만 어머님의 서울 사람에 대한 믿음은 유별납니다. 덕분에 이런 울 엄니의 믿음이 우리 교인들의 모습이 되었으면 얼마나 좋을까 하는 생각도 해 봅니다. 사회인들이 '안식일교인들이 그랬는데-' 하면서 무조건 따라올 수 있는 그런 세상이 빨리 왔으면 좋겠습니다.

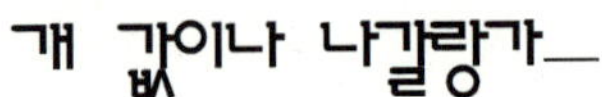

개 값이나 나갈랑가_

오늘 아침 출근하다 보니 골목길 전봇대를 비롯해 어린이 놀이터에까지 전단지(광고지)가 잔뜩 붙어 있었습니다. 언뜻 보니 개를 찾는다는 내용이었습니다. 반려동물인 개도 이젠 한 식구로 인식이 돼 있는 만큼 잃어버린 개를 찾는 것은 어쩜 당연한 일인지도 모릅니다. 따라서 가끔씩 나붙는 전단지가 새삼스러울 것은 없었습니다. 그런데 유독 내 눈길을 멈추게 한 것은 다름 아닌 사례비 50만 원이었습니다. 길 잃은 자식이나 부모를 찾는 것도 아니고 단지 개를 찾는 데 50만 원의 사례금이 걸려 있었던 것입니다. 그래서 어떤 개인가 궁금해 바짝 다가가서 나머지 글을 다 읽어 보았습니다.

'우리 강아지를 찾습니다.

사례금 50만 원

견종 - 요크셔테리어. 무게 1.2킬로그램

성별 - 암컷. 나이 - 여섯 살

잃어버린 장소 - 집 앞
개를 보셨거나 보호하시고 계신 분은 연락바랍니다.
전화번호 - 332-OOOO

값비싼 견종이 있다는 것은 들어서 알고 있습니다만, 달동네(?) 수준을 좀 벗어난 골목에서 개를 찾는 데 50만 원의 사례금을 걸어 놓은 이가 누구인지 정말 궁금했습니다. 고액을 사례금으로 내놓은 것을 보면 어떤 깊은 사연도 있겠다 싶어지지만 사글세방을 전전하는 이들이 대부분인 이 동네서 사방 전봇대에 개 사진을 걸어 놓고 개를 찾는 모양새가 안타깝기보다는 씁쓸한 마음이 더 컸습니다.

아무리 돈이면 개도 '멍첨지' 소리를 듣는 세상이라지만 꼭 이렇게까지 해야 하나 싶은 생각이 들어 더 그랬습니다. 그러면서 한편으론 생뚱맞은 생각도 들었습니다. 내가 나이 더 먹고, 거기에다 치매까지 있어 집을 잃어버리고 길을 헤맬 때 과연 내 몸값은 얼마로 매겨져 전봇대라도 붙어 있을는지 하고 말입니다.

'저 개 값만이나 할런가'

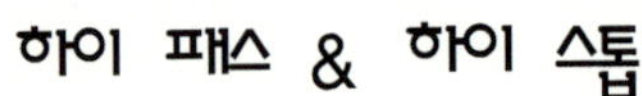

하이 패스 & 하이 스톱

'여기 사람 없드래요 - .'

남의 집 대문이나 혹은 빈 가게 앞에서 이런 소리 들으면 '사람 찾는가 보다' 하고 말 일이지만 고속도로 요금소 '하이 패스' 게이트 앞서 이 소리 듣고 있자면 상황은 달라집니다.

요 며칠 전, 서울 외곽고속도로 구리 요금소 하이 패스 게이트를 통과하려는 순간 갤로퍼 한 대가 멈춰서더니 창문을 열고 소리를 질러 대는 것이었습니다. '여기 사람 없드래요. 돈 받는 사람 어디 갔드래요 - .' 정말 웃어야 할지, 아님 내려서 상황설명을 해 줘야 할지 대략난감했습니다. 급브레이크를 잡으며 하이 패스 게이트 앞에 멈춰 설 때만 해도 '이 인간 미친* 아냐' 하면서 열이 확 받았었는데, '여기 돈 받는 사람 어디 갔드래요.' 하고 소리치는 중년 아저씨의 목소리를 들으면서 나도 모르게 거짓말처럼 열이 식어 버렸습니다.

순간 웃음이 픽 나오면서 그 아저씨 입장으로 내가 돌아가 있었습니다. '톨비'를 내기 위해 줄지어 서 있는 차량들 사이로 유독 텅 빈 출구하나가 그 아저씨 눈에 띄었을 테고, 순간 운전대를 꺾으면서 생각하기를 '서울놈들 약은 줄 알았더니 멀쩡하게 비워 둔 문은 놔두고 길게 줄서 있는 폼이 미련 곰탱이들 아냐' 했었을 것 같았습니다.

그러면서 잽싸게 빈 문(하이 패스 게이트)으로 들어갔더니 정작 요금을 받는 사람은 보이지 않고-, 갑자기 당황된 이 아저씨 하는 말이 바로 '여기 돈 받는 사람 어디 갔드래요.' 한 것이 틀림이 없었을 것입니다. 내 눈앞에 고스란히 드러나 있는 강원 000이란 갤로퍼 번호판이 내 생각이 틀림없음을 증명해 주고 있었으니 말입니다. 아마도 오랜만에 서울이란 곳을 오게 된 이 아저씨, 그동안 하이 패스라는 것이 생겨난 줄을 꿈에도 모르고 있다가 이날 '여기 사람 없드래요' 소리만 연발했던 것 같습니다.

뒤차들이 계속 빵빵거리자 엉겁결에 차를 빼내던 그 아저씨. 그 후 일이 궁금해집니다만 아직도 귀에 쟁쟁한 것은 천 원짜리 한 장 빼 들고 어눌한 목소리로 '여기 사람 없드래요'를 외치던 그 목소립니다. 까짓 거 그냥 통과하면 차 주소지로 요금 납부용 통지서가 날아오는데, 그것도 벌금 없이 말입니다. 물론 이 납부서를 무시하면 곧바로 10배에 해당하는 벌금이 나온다는 거 서울깍쟁이들은 다 알고 있는데 말입니다.

고속으로 통행하는 하이 패스 앞에서 '여기 돈 받는 사람 어디 갔드래요?' 하던 그 아저씨가 갑자기 보고픈 것은 각박한 세상 인심사이 세상물정 모르고 살 수 있었음 하는 그런 마음 때문인가 봅니다. 다음엔 나도 한번 그래 보고 싶습니다.

'여기선 돈 안 받나유-'

웃으며 살지요

‘믿음으로 사냐구요’라는 질문에 ‘웃으며 살지요’라는 대답을 내놓고 싶었던 것은 재림신문에 ‘손바닥 편지’라는 제목으로 글을 연재하면서부터였던 것 같습니다. 수많은 제목 중에서 굳이 ‘손바닥 편지’를 택했던 것은 나름대로 몇 가지 이유가 있었습니다.

손바닥에 써도 충분할 만큼 짧은 내용이라는 의미에다가 십자가에 달려 돌아가신 예수님 -. 그분이 사망의 음침한 골짜기에서 부활하신 뒤, 제자들에게 내보인 손바닥을 기억했으면 하는 바람에서 그렇게 했던 것입니다. 당시 제자들은 예수님의 손바닥에서 못 자욱이 선명한 상처의 흔적을 보았겠지만, 어떤 이는 그 손바닥을 통해 예수님의 ‘마음’도 함께 보았을 것입니다.

‘내가 너희를 이처럼 사랑하노라’ 하는 -.

이것을 일러 ‘손바닥 편지’라고 말하고 싶었던 것입니다.

어떤 웅변보다 더 큰 감동을 주는 사랑의 표식이기 때문입니다. 제목을 ‘손바닥 편지’로 정한 것도 이 시대 예수님께서 우리에게 들려주고 싶은 이야기가 있다면 바로 ‘하나님이 세상을 이처럼 사랑하사 독생자를 주셨으니 -’(요한복음 3;16)라는 것이 아닐까 하는 생각에서 비롯됐습니다. 살아가면서 필자 주변에서 일어나는 작은 경험들과 그동안 틈틈이 모아 두었던 자료들을 근거로 손바닥 편지는 기록되고 재림신문 독자들에게 배달이 됐던 것입니다.

손바닥 편지와 함께 인터넷 사이트인 재림마을에도 '살아가는 이야기'란 주제로 글을 쓴 적이 있습니다. 손바닥 편지에 살아가는 이야기가 더해져 '믿음으로 사냐구요. 웃으며 살지요'라는 책이 나오게 된 것입니다. 그만큼 폭이 넓어진 셈입니다. 손바닥 편지는 우리 모두의 살아가는 이야기요, 인생의 편린이라고 보면 크게 틀리지 않을 것 같습니다.

끝으로 바람이 있다면 이 글을 읽는 모든 이들에게 예수님의 사랑이 전달돼 용서와 화해의 손길이 지구촌 끝까지 연결되었으면 하는 것입니다. 땅끝까지 복음이 전해지듯 말입니다. 끝으로 '믿음으로 사냐구요. 웃으며 살지요'는 눈으로 읽는 것이 아니라 마음으로 읽어야 한다는 사실을 잊지 않았으면 합니다.

이 글과 인연이 된 모든 이들에게 하나님의 끝없는 축복과 사랑이 함께하길 기원합니다. 특별히 광시교회와 마닐라한인교회 교우분들, 고인이 되신 아버님 김지태장로님과 고향집에 계신 어머님 한옥순집사님, 그리고 아들 강산이와 마눌, 또 책을 출판하도록 도움을 준 모든 이들에게도 감사를 드립니다.

예수님을 닮고 싶은 이름
김석현

김석현

현재 충청도 예산 땅과 필리핀을 오가면서 '프리랜서'로 활동 중이다. 1983년 언론계에 첫발을 디딘 후, 지금까지 주간·월간지에서 편집국장 등을 역임해 왔으며 인터넷 방송과 신문사에서도 일한 바 있다.
한때 인도와 네팔, 중국, 미국, 일본 등을 다니면서 '현대문명 속의 신앙 유산'에 관한 글을 쓰기도 했으며, 국내 오지(奧地) 여행을 통해 '우리 것'을 알리는 일에도 앞장서 왔다.
저서로는 '별난 묘지 이야기', '별난 종교 이야기', '21세기 종교문화', '사는 게 무어냐고요', '꽃 이야기', '꿈꾸는 허수아비', '한국과 필리핀서 별나게 사는 강산네 이야기' 등이 있다. 또 공저로는 '완소 훼밀리', '살아가는 이야기' 등 다수가 있다.
지금은 '손바닥 편지'와 '별난 돌(남근석) 이야기', '물고기 이야기', '짧은 글 긴 이야기' 등을 집필 중에 있다. 아ー참 필리핀에는 아들이 개설한 유학생의 집 '에듀오스'(eduos.co.kr)가 있다. (연락처 010－3210－0337)

믿음으로 사냐구요
웃으며 살지요

초판인쇄 | 2009년 8월 31일
초판발행 | 2009년 8월 31일

지은이 | 김석현
펴낸이 | 채종준
펴낸곳 | 한국학술정보㈜
주 소 | 경기도 파주시 교하읍 문발리 파주출판문화정보산업단지 513-5
전 화 | 031) 908-3181(대표)
팩 스 | 031) 908-3189
홈페이지 | http://www.kstudy.com
E-mail | 출판사업부 publish@kstudy.com

등 록 | 제일사—115호(2000. 6. 19)
가 격 | 26,000원

ISBN 978-89-268-0265-6 00040 (Paper Book)
　　　 978-89-268-0266-3 08040 (e-Book)

는 한국학술정보(주)의 지식실용서 브랜드입니다.